国家社科基金项目成果（项目批准号：11CJY014）
本书由苏州大学"211"工程建设经费赞助出版

应用经济学丛书

丛书主编　孙文基

会计师事务所合并、组织形式变化与资本市场审计行为研究

KUAIJISHISHIWUSUO HEBING
ZUZHIXINGSHI BIANHUA YU
ZIBENSHICHANG SHENJI XINGWEI YANJIU

周中胜　著

图书在版编目(CIP)数据

会计师事务所合并、组织形式变化与资本市场审计行为研究 / 周中胜著. —苏州:苏州大学出版社,2017.11
(应用经济学丛书)
国家社科基金项目成果
ISBN 978-7-5672-2244-1

Ⅰ.①会… Ⅱ.①周… Ⅲ.①会计师事务所—管理—研究—中国 Ⅳ.①F233.2

中国版本图书馆 CIP 数据核字(2017)第 238210 号

书　　名：会计师事务所合并、组织形式变化与资本市场审计行为研究
著　　者：周中胜
策　　划：沈海牧　李寿春
责任编辑：薛华强
出版发行：苏州大学出版社
社　　址：苏州市十梓街 1 号　邮编:215006
网　　址：http://www.sudapress.com
印　　刷：常州市武进第三印刷有限公司
开　　本：787 mm×960 mm　1/16
印　　张：14
字　　数：237 千
版　　次：2017 年 11 月第 1 版
印　　次：2017 年 11 月第 1 次印刷
书　　号：ISBN 978-7-5672-2244-1
定　　价：39.00 元

苏州大学版图书若有印装错误,本社负责调换
苏州大学出版社营销部　电话:0512-65225020

前　言

　　自 20 世纪 80 年代注册会计师行业恢复重建以来,经过 30 多年的发展,我国注册会计师行业取得了显著的成绩。无论是审计市场的规模和执业范围,还是从业人员的数量和服务对象,以及执业质量和行业监管水平都得到了显著的提高,社会影响力和国际话语权逐步增强,注册会计师行业已成为促进我国经济社会健康发展不可或缺的力量。但是,相对于国外注册会计师行业和会计师事务所的发展水平,我国注册会计师行业无论是规模、业务收入和从业人员数量,还是执业质量、内部治理和风险意识,以及事务所文化建设等还存在较大的差距。注册会计师行业的整体水平与我国经济社会发展的要求还不相适应。

　　为提高经济信息质量、引导资源合理配置、优化企业治理结构、维护市场经济秩序和社会公众利益,贯彻中央"走出去"战略,支持我国企业进入国际市场,更好地发挥注册会计师行业在保增长、调结构中的作用,贯彻落实国家重大宏观经济政策,确保投资安全和投资效益,中国注册会计师协会于 2007 年 5 月发布了《关于推动会计师事务所做大做强的意见》和《会计师事务所内部治理指南》,要求会计师事务所加强内部治理,实现做大做强。2009 年 10 月,国务院办公厅转发了财政部《关于加快发展我国注册会计师行业若干意见》(国办发〔2009〕56 号)。此外,为适应我国会计师事务所做大做强的要求,2010 年 7 月财政部和国家工商总局联合发布了《关于推动大中型会计师事务所采用特殊的普通合伙组织形式的暂行规定》,要求大型会计师事务所转制为特殊的普通合伙组织形式,同时鼓励中型会计师事务所转制为特殊的普通合伙组织形式。这些规定颁布实施以来,我国会计师事务所掀起了新一轮的合并与改制浪潮。

　　会计师事务所的合并与组织形式转制分别与我国会计师事务所的外延扩张和内涵建设有关,对于我国会计师事务所的做大做强都是非常必要的条件与步骤。合并可以使会计师事务所的规模迅速壮大,但如果会计师事务所的内涵建设包括事务所组织形式的选择无法适应事务所的发展壮大，则会计师事务所的做大做强将无法真正实现。

根据产业组织理论的"结构主义"即"结构—行为—绩效"的研究范式，审计市场的结构会影响审计市场的竞争行为，而审计市场的行为又会影响审计市场的绩效。会计师事务所的合并会对我国独立审计市场的结构产生显著的影响，因而可能会影响独立审计市场的行为与绩效。与此同时，会计师事务所的组织形式作为事务所内部治理的重要内容，涉及事务所内部剩余索取权的配置，不同的事务所组织形式的选择不仅与事务所内部各生产要素所有者的利益相关，而且还涉及注册会计师法律责任的承担，与会计师事务所之外的利益相关者的利益也有直接的关联。因此，会计师事务所组织形式的选择也会影响会计师事务所的审计行为并最终对审计市场的绩效产生影响。

有鉴于此，本书立足于我国会计师事务所做大做强的制度背景，分别选取与事务所外延扩张和内涵建设有关的事务所合并与组织形式变化作为制度因素，分别运用实证研究方法和案例研究方法考察了会计师事务所合并与组织形式变化对审计市场行为包括审计收费、审计风险控制和审计生产效率等的影响，进而考察了会计师事务所合并与组织形式变化对审计市场绩效（以审计质量作为替代指标）的影响。并根据实证检验和案例分析的结果提出了相应的政策建议与措施，希望为我国会计师事务所的做大做强提供有益的启示。

本课题的研究从理论上，可以丰富有关会计师事务所的规模、组织形式与审计市场行为及绩效的研究文献，特别是丰富有关转轨经济与新兴市场国家审计市场的结构、行为与绩效的研究文献。根据产业组织理论的"结构主义"研究范式，审计市场的结构会影响审计市场的竞争行为，而审计市场的行为又会影响审计市场的绩效。由于会计师事务所的合并会对独立审计市场的结构产生影响，因而会影响到审计市场的行为与绩效。同时，由于会计师事务所的组织形式与事务所内部剩余索取权的配置有关，不同的事务所组织形式的选择关系到事务所内部各生产要素所有者的利益，因此也会对会计师事务所的审计行为和审计市场绩效产生影响。因此，我国注册会计师行业的事务所合并与转制的两大制度背景为验证和丰富这些理论提供了非常好的环境。

从实践上，本课题的研究将为我国注册会计师行业的主管部门、会计师事务所及其他利益相关方提供有关会计师事务所合并与组织形式变化对审计市场行为与绩效影响的最新成果，可以为完善注册会计师行业主管部门的相关决策提供理论与经验证据的支持。从会计师事务所的角度来说，可以更好地理解事务所合并与转制所带来的影响及经济后果，从而做出最优的决策。对于其他利益相关方来说，本课题的研究有助于其更好地认识与理解我国注册会计师行业的发展现状、趋势及存在的问题，可以为其下一步的决策提供更多的启示。

本书的主要内容是笔者主持的 2011 年度国家社科基金项目《会计师事务所合并、组织形式变化与资本市场审计行为》的成果。另外，笔者带的硕士研究生陈蓉和徐鑫对于本书的完成多有贡献，她们参与了本书案例部分的资料收集与初撰，如今她们都已奔赴工作岗位开始追寻她们自己的理想，在此也祝愿她们在工作与生活中一切顺利。

本书的写作始于 2011 年，部分阶段性成果已先后公开发表，如第 3 章的内容取自于"会计师事务所合并与审计收费"（《财经理论与实践》2013 年第 6 期）；第 6 章的内容取自于"会计师事务所合并提高审计质量了吗"[《苏州大学学报（哲学社会科学版）》2013 年第 5 期]；第 9 章的内容取自于"会计师事务所组织形式与审计收费"（《江西财经大学学报》2014 年第 2 期）。

感谢苏州大学出版社的薛华强编辑为本书的顺利出版所做的大量工作，正是他认真负责的工作态度，保证了本书的高质量出版。

从私人感情上说，我还要感谢我的爱人李茜和女儿周隽思。因为有了她们的支持，我才能潜心学问，在追求学术的道路上不断前行。

周中胜
2017 年 2 月于苏州

目 录 CONTENTS

第 1 章　导　　论 /001
　　1.1　问题的提出 /002
　　1.2　主要研究内容与研究框架 /004
　　1.3　研究方法 /007
　　1.4　本书的主要创新之处 /007

第 2 章　我国会计师事务所合并的制度背景与相关问题 /009
　　2.1　我国注册会计师行业的发展历程 /010
　　2.2　我国会计师事务所的合并浪潮 /012
　　2.3　我国独立审计市场的结构 /014
　　2.4　我国会计师事务所合并的动因 /016
　　2.5　我国会计师事务所合并的类型 /022

第 3 章　会计师事务所合并与审计收费 /025
　　3.1　文献回顾、理论分析与研究假说的提出 /027
　　3.2　研究设计 /030
　　3.3　实证结果与分析 /032
　　3.4　小结 /038

第 4 章　会计师事务所合并与审计风险控制 /039
　　4.1　文献回顾、理论分析与研究假说的提出 /040
　　4.2　研究设计 /043
　　4.3　实证结果与分析 /046
　　4.4　小结 /050

第 5 章　会计师事务所合并与审计生产效率 /051
　　5.1　文献回顾、理论分析与研究假说的提出 /052
　　5.2　研究设计 /055

I

  5.3 实证结果与分析 /057
  5.4 小结 /062

第6章 会计师事务所合并与审计质量 /065
  6.1 文献回顾、理论分析与研究假说的提出 /066
  6.2 研究设计 /069
  6.3 实证结果与分析 /071
  6.4 小结 /075

第7章 会计师事务所合并与审计质量：基于天健东方与开元信德会计师事务所合并的案例分析 /077
  7.1 案例简介 /078
  7.2 案例的研究假说 /085
  7.3 基于审计延迟视角的会计师事务所合并与审计质量变化 /086
  7.4 基于审计收费视角的会计师事务所合并与审计质量变化 /092
  7.5 小结 /097

第8章 我国会计师事务所组织形式变化的制度背景与理论基础 /099
  8.1 国外会计师事务所组织形式的演进 /100
  8.2 会计师事务所组织形式选择的经济学分析 /104
  8.3 我国会计师事务所组织形式的演进 /106
  8.4 会计师事务所组织形式变化的理论基础与分析 /110

第9章 会计师事务所组织形式变化与审计收费 /117
  9.1 文献回顾、理论分析与研究假说的提出 /119
  9.2 研究设计 /123

9.3　实证结果与分析 /124
　　　9.4　小结 /130

第 10 章　会计师事务所组织形式变化与审计风险控制 /131
　　　10.1　文献回顾、理论分析与研究假说的提出 /132
　　　10.2　研究设计 /135
　　　10.3　实证结果与分析 /137
　　　10.4　小结 /142

第 11 章　会计师事务所组织形式变化与审计生产效率 /143
　　　11.1　文献回顾、理论分析与研究假说的提出 /144
　　　11.2　研究设计 /146
　　　11.3　实证结果与分析 /149
　　　11.4　小结 /154

第 12 章　会计师事务所组织形式变化与审计质量 /155
　　　12.1　文献回顾、理论分析与研究假说的提出 /156
　　　12.2　研究设计 /160
　　　12.3　实证结果与分析 /163
　　　12.4　小结 /168

第 13 章　会计师事务所组织形式变化的经济后果：基于信永中和会计师事务所改制的案例分析 /169
　　　13.1　案例简介 /170
　　　13.2　从供给方视角分析会计师事务所转制的经济后果 /172
　　　13.3　从需求方视角分析会计师事务所转制的经济后果 /186
　　　13.4　小结 /198

第 14 章 研究结论、局限性与未来研究方向 /201

    14.1 研究结论 /202

    14.2 研究启示与政策含义 /204

    14.3 局限性与后续的研究方向 /206

主要参考文献 /207

CHAPTER 1

导　论

1.1 问题的提出

作为重要的中介力量,会计师事务所在现代市场经济的发展特别是证券市场的发展中扮演着重要角色。会计师事务所通过提供财务报表审计,可以显著提高公司的财务报告质量,缓解大股东与中小股东、管理层与外部股东之间的代理冲突,更好地保护中小投资者,提高公司的价值。会计师事务所通过提供其他鉴证服务以及非鉴证服务,可以为公司提供其他增值服务。

自改革开放恢复重建注册会计师行业以来,我国注册会计师行业先后经历了恢复重建、规范发展、体制创新和国际发展阶段(陈毓圭,2008)。经过30多年的发展,我国注册会计师行业的发展取得了显著成绩。无论是审计市场的规模和执业范围,还是从业人员的数量和服务对象,以及执业质量和行业监管水平都得到了显著提高,社会影响力和国际话语权逐步增强,注册会计师行业已成为促进我国经济社会健康发展不可或缺的力量。但是,相对于国外注册会计师行业的发展水平,我国的注册会计师行业无论是规模、业务收入和从业人员数量,还是执业质量、内部治理和风险意识,以及事务所文化建设等都还存在较大的差距。注册会计师行业的整体发展水平与我国经济社会发展的要求还不相适应。

为贯彻落实国务院关于加快发展服务业的若干意见,进一步提高我国会计师事务所的竞争力,中国注册会计师协会于2007年5月发布了《关于推动会计师事务所做大做强的意见》和《会计师事务所内部治理指南》,要求会计师事务所加强内部治理,实现做大做强。2009年10月,国务院办公厅转发了财政部《关于加快发展我国注册会计师行业的若干意见》(国办发[2009]56号)。此外,为适应我国会计师事务所做大做强的要求,2010年7月财政部和国家工商总局联合发布了《关于推动大中型会计师事务所采用特殊的普通合伙组织形式的暂行规定》,要求大型会计师事务所转制为特殊的普通合伙组织形式,同时鼓励中型会计师事务所转制为特殊的普通合伙组织形式。这些规定颁布实施以来,我国会计师事务所掀起了新一轮的合并与改制浪潮。

会计师事务所的合并与组织形式转变分别关注于事务所的外延扩张和内涵建设,都是影响我国会计师事务所做大做强的重要因素。通过合并可以比较迅速地从事务所的规模方面实现事务所的外延扩张从而实现事务所的做大,但是,如果事务所的内涵建设包括事务所组织形式的选择无法适应事务所规模扩张的需要,则会计师事务所的做强就无法真正实现。

那么,会计师事务所的合并与组织形式变化对审计市场行为有什么样的影响?会影响独立审计市场的绩效吗?这成为值得研究与探讨的重要课题,对于更好地促进国内会计师事务所的做大做强和内部治理具有重要意义。有鉴于此,本书立足于我国注册会计师行业发展的现实,以会计师事务所的做大做强作为制度背景,通过资本市场数据,结合理论分析、大样本数据的实证研究方法以及案例研究方法,分别以影响事务所外延扩张和内涵建设的会计师事务所合并与组织形式变化两大行业发展主题作为研究对象,探讨会计师事务所的合并与组织形式变化对审计市场行为及绩效的影响。

本书的研究从理论上将丰富有关会计师事务所的规模、组织形式与审计行为的研究文献,特别是丰富有关转轨经济与新兴市场国家独立审计市场的结构与行为的研究文献。根据产业组织理论的"结构主义"即"结构—行为—绩效"的研究范式,审计市场的结构会影响审计市场的竞争行为,而审计市场的行为又会影响审计市场的绩效。会计师事务所的合并会对我国独立审计市场的结构产生显著影响,因而可能会影响独立审计市场的行为与绩效。与此同时,会计师事务所的组织形式作为事务所内部治理的重要内容,涉及事务所内部剩余索取权的配置,不同的事务所组织形式的选择不仅与事务所内部各生产要素所有者的利益相关,而且还涉及注册会计师法律责任的承担,与会计师事务所之外的利益相关者的利益也有直接的关联。因此,会计师事务所组织形式的选择也会影响会计师事务所的审计行为并最终对审计市场的绩效产生影响。

在实践上,本书的研究将为我国注册会计师行业的主管部门、会计师事务所及其他利益相关方提供有关会计师事务所合并与组织形式变化对审计行为与绩效影响的最新成果,可以为完善注册会计师行业主管部门的相关决策提供理论与经验证据的支持。从会计师事务所的角度来说,可以更好地理解事务所合并与转制所带来的影响及经济后果,从而做出最优的决策。对于其他利益相关方来说,本课题的研究有助于其更好地认识与理解我国注册会计师行业的发展现状、趋势及存在的问题，可以为其下一步的决策提供更多的启示。

1.2 主要研究内容与研究框架

本书的主要研究内容包括两大部分，第一大部分是在对我国会计师事务所合并的制度背景与相关问题进行阐述的基础上，运用实证方法和案例研究方法考察我国会计师事务所的合并对审计市场行为的影响，具体包括会计师事务所合并对审计收费、风险控制和审计生产效率的影响，以及会计师事务所合并对审计市场的绩效（以审计质量作为替代变量）的影响。课题的第二部分是在对我国会计师事务所组织形式变化的制度背景与相关问题进行分析的基础上，运用实证方法与案例研究方法考察我国会计师事务所组织形式变化对审计市场行为的影响，具体包括会计师事务所组织形式变化对审计收费、风险控制和审计生产效率的影响，以及会计师事务所组织形式变化对审计市场的绩效（以审计质量作为替代指标）的影响。课题具体的研究内容如下：

第 1 章是导论。主要提出了课题要研究的问题；对课题的主要研究内容与研究方法进行了简要的阐述；对课题的主要创新之处进行了简要的分析。

第 2 章是对我国会计师事务所合并的制度背景与相关问题的阐述。具体包括我国注册会计师行业的发展历程；我国会计师事务所合并的几次浪潮；我国独立审计市场的结构分析；我国会计师事务所合并的动因与类型。

第 3 章到第 6 章都是实证研究。主要是运用实证方法考察了我国会计师事务所的合并对审计市场行为，进而对审计市场的绩效（以审计质量作为替代指标）的影响。

第 3 章实证考察了我国会计师事务所的合并对审计收费的影响。以 2005 年以来我国发生的 14 起会计师事务所合并案为样本，运用大样本的经验数据探讨了会计师事务所的合并对审计收费的影响，并分别大客户和小客户市场考察了其对审计行为影响的差异。

第4章实证考察了我国会计师事务所的合并对审计风险控制的影响。以2005年以来我国发生的14起会计师事务所合并案为样本,运用大样本的经验数据探讨了会计师事务所的合并对审计风险控制的影响。

第5章实证考察了我国会计师事务所的合并对审计生产效率的影响。以2005年以来我国发生的14起会计师事务所合并案为样本,运用"黑箱"理论的相关研究方法,利用公开获取的各种信息,采用数据包络分析法(DEA)评估了我国会计师事务所的审计生产效率,探讨了我国会计师事务所的合并对审计生产效率的影响,并分别吸收合并与新设合并两种不同的合并类型分析了其对审计生产效率的不同影响。

第6章实证考察了我国会计师事务所的合并对审计质量的影响。以2005年以来我国发生的14起会计师事务所合并案为样本,以会计稳健性和操控性应计数作为审计质量的衡量指标,通过大样本的经验证据探讨了会计师事务所的合并对审计质量的影响,并分别吸收合并和新设合并考察了其对审计质量影响的差异。

第7章以天健东方和开元信德合并案为例考察了会计师事务所合并对审计质量的影响。以天健东方和开元信德的合并作为案例研究对象,以审计延迟和审计费用作审计质量的替代指标,考察了会计师事务所合并对审计质量的影响。

第8章是对我国会计师事务所组织形式变化的制度背景与相关问题的阐述。具体包括国外会计师事务所组织形式的演进;会计师事务所组织形式选择的经济学分析;我国会计师事务所组织形式的演进。

第9章到第12章也是实证研究。主要是运用实证方法考察了我国会计师事务所组织形式的变化对审计市场行为,进而对审计市场的绩效(以审计质量作为替代指标)的影响。

第9章实证考察了我国会计师事务所组织形式的变化对审计收费的影响。以国内四家具有H股审计资格并率先完成全部转制手续的会计师事务所为样本,考察了会计师事务所组织形式从有限责任制转变为特殊的普通合伙制对审计收费的影响,并分别大客户市场和小客户市场进行了差异分析。

第10章实证考察了我国会计师事务所组织形式的变化对审计风险控制的影响。以国内四家具有H股审计资格并率先完成全部转制手续的会计师事务所为样本,考察了会计师事务所组织形式从有限责任制转变为特殊的普通合伙制对审计风险控制的影响。

第 11 章实证考察了我国会计师事务所组织形式的变化对审计生产效率的影响。以国内四家具有 H 股审计资格并率先完成全部转制手续的会计师事务所为样本,运用"黑箱"理论的相关研究方法,利用公开获取的各种信息,采用数据包络分析法(DEA)评估了我国会计师事务所的审计生产效率,探讨了我国会计师事务所组织形式从有限责任制转变为特殊的普通合伙制对审计生产效率的影响,并分别就规模效率和纯技术效率进行了进一步的分析。

第 12 章实证考察了我国会计师事务所组织形式的变化对审计质量的影响。以国内四家具有 H 股审计资格并率先完成全部转制手续的会计师事务所为样本,以被审计单位的操控性应计数作为审计质量的衡量指标,考察了会计师事务所组织形式从有限责任制转变为特殊的普通合伙制对审计质量的影响。

第 13 章是以信永中和会计师事务所转制为例考察了会计师事务所组织变化的经济后果。以信永中和会计师事务所作为案例研究对象,分别从供给方视角和需求方视角考察了会计师事务所组织形式变化的经济后果。

第 14 章是研究结论、局限性与未来研究方向。主要对本书的研究结论进行了总结;对研究结论的启示与政策含义进行了分析;就本研究的局限性与后续的研究方向进行了简要阐述。

课题的研究框架图如图 1-1 所示。

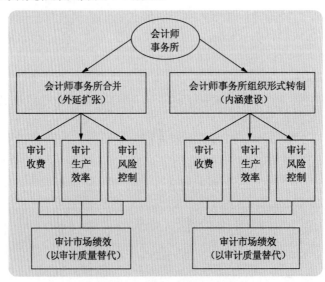

图 1-1　本课题的研究框架图

1.3 研究方法

本书的研究内容主要采用了国际上相关学科所采用的前沿研究方法和手段。在研究过程中主要采用理论分析与实证研究相结合、以实证研究和案例研究为主的研究方法。其中关于我国会计师事务所合并的制度背景与理论基础，以及我国会计师事务所组织形式变化的制度背景与理论基础，文中运用了规范分析的方法。

关于会计师事务所合并对审计市场行为包括审计收费、风险控制、审计生产效率的影响，会计师事务所合并对审计市场的绩效(以审计质量作为替代指标)的影响，以及会计师事务所的组织形式变化对审计行为包括审计收费、风险控制、审计生产效率的影响，会计师事务所组织形式的变化对审计市场的绩效(以审计质量作为替代指标)的影响，文中主要利用资本市场的经验数据，进行了大样本的实证分析和具体的案例分析。

1.4 本书的主要创新之处

第一，以我国自 2005 年始的会计师事务所合并浪潮与自 2010 年始的会计师事务所组织形式转换为研究背景，探讨事务所合并与组织形式变化对审计行为的影响及经济后果，对于我国会计师事务所的做大做强与内部治理具有较强的现实意义与政策启示作用。具体来说，关于会计师事务所的合并对审计生产效率和审计风险控制的影响，以往的研究文献未曾涉及；关于会计师事务所合并对审计收费的影响，本课题分别大客户市场和小客户市场进行了详细分析并考察了原因，以往的文献较少从此角度进行分析；关于会计师事务所合并对审计质量的影响,本课题从会计稳健性角度进行了实证检验,而以往的文献未从此角度进行考察。

第二,本书主要通过规范分析、大样本经验研究与案例研究的方法,相对于以前的文献具有更强的结论说服力,特别是关于事务所组织形式对审计市场行为与绩效的影响,受制于研究样本,以往的文献中实证研究较少。本课题利用我国会计师事务所组织形式转制的契机,运用上市公司的经验数据就会计师事务所组织形式的经济后果进行了大样本的统计分析。

第三,本书的研究还可以为产业组织理论的"结构—行为—绩效"的研究范式(SCP)提供我国审计市场的经验证据的支持。

CHAPTER 2

我国会计师事务所合并的制度背景与相关问题

2.1 我国注册会计师行业的发展历程

我国注册会计师行业的发展先后经历了四个阶段（陈毓圭，2008），包括：恢复重建阶段（1980—1991）、规范发展阶段（1992—1998）、体制创新阶段（1999—2004）以及国际发展阶段（2005年至今）。

我国注册会计师行业的创立可以追溯到1918年。新中国成立以后，由于我国实行的是计划经济体制，注册会计师行业失去了生存的环境，因此一度处于中断状态。1978年改革开放以后，我国注册会计师行业逐步恢复。1980年，财政部颁布《关于成立会计师顾问处的暂行规定》，对会计顾问处（即现在的会计师事务所）的性质、主要业务和任职人员条件、收费做了具体规定，这个规定可视为我国改革开放以后注册会计师行业恢复重建的标志。当时的会计顾问处是由各级财政部门组织设立的一个事业单位，主要目的在于对中外合营企业的外方出资情况以及合营合同的履行情况进行监督。1986年7月，国务院颁布《注册会计师条例》，这是新中国成立后正式颁布的第一部关于注册会计师行业管理的行政法规，标志着我国注册会计师管理制度的正式建立，此后，我国注册会计师行业步入了快速发展的轨道。

20世纪90年代以后，随着新中国成立深圳和上海证券交易所的成立，我国注册会计师行业发展迎来了新的发展契机。但1992—1993年发生的三起案件，即"深圳原野案"、"北京长城机电公司案"和"海南中水国际案"却为我国的注册会计师行业敲响了警钟，比如过度追求发展速度而忽略事务所的自身建设和审计质量，行业监管不力等。时值我国《注册会计师法》的起划和审议阶段，这三个案件的发生也对立法者产生了深刻的影响。1993年10月，我国第一部《注册会计师法》出台。

进入1997年后，资本市场又发生了著名的"新三案"，即琼民源案、红光案和东方锅炉案。这三个案件的发生使注册会计师行业沉淀多年的问题充分暴露出来，其中最主要的就是会计师事务所的公有产权安排和挂靠体制问题。为此，深圳于1997年率先进行了会计师事务所的脱钩并改为私有制的试点工作。1998年4月,财政部下发了《关于执行证券期货相关业务的会计师事务所与挂靠单位脱钩的通知》,要求具有证券期货业务资格的105家会计师事务所在年底前完成脱钩改制工作。此外,为保证脱钩改制工作的顺利完成,财政部还明确界定"有限责任的会计师事务所"是由"注册会计师"出资发起设立的。截至1998年年底,除因合并或取消资格的3家会计师事务所外,102家具有证券期货业务资格的会计师事务所全部完成脱钩改制,并改制为合伙制或有限责任公司制会计师事务所。截至1999年年底,全国原有的6 045家会计师事务所脱钩改制工作基本完成,其中4 952家完成脱钩改制,349家拟撤销,73家拟暂停执业。通过脱钩改制,会计师事务所成为自主经营、自负盈亏的法人实体,事务所的风险意识和审计质量都有所提高,为注册会计师行业的持续健康发展奠定了良好的基础。

为进一步提高我国会计师事务所的竞争力,实现会计师事务所的做大做强,2000年6月,财政部和中国证监会联合下发了《关于印发〈注册会计师执行证券、期货相关业务许可证管理规定〉的通知》,同时废除了1993年的相关规定,提高了执行证券期货相关业务和金融审计相关业务的会计师事务所的准入门槛。与此同时,为规范会计师事务所规模扩大过程中的问题,财政部先后印发了《会计师事务所扩大规模若干问题的指导意见》《会计师事务所合并审批管理暂行办法》《会计师事务所分所审批管理暂行办法》等文件。

2007年以后,为适应我国对外开放水平不断提高,服务贸易不断增长的现实,更好地为中国企业"走出去"服务,贯彻落实国务院关于加快发展服务业若干意见,中国注册会计师协会于2007年5月发布了《关于推动会计师事务所做大做强的意见》(以下简称《意见》)和《会计师事务所内部治理指南》(以下简称《指南》)。这两份文件的发布,标志着我国的注册会计师行业在深入实施行业人才战略、准则国际趋同战略的基础上,又全面启动了行业发展的第三大战略即做大做强战略。《意见》指出,注册会计师行业将用5至10年的时间,发展培育100家左右具有一定规模、能够为大型企业和企业集团提供综合服务的事务所,在此基础上,发展培育10家左右能够服务于中国企业走出去战略、提供跨国经营综合服务的国际化事务所。加强内部治理,是实现做大做强的重要基础。为此,《指南》强调,事务所内部治理应当以维护公众利益为宗旨,以法律法规为依据,以"人合"为基础,以增进内部和谐为重点,以合伙文化为导向,建立风险管理严格、质量控制有效、公开透明、相互制衡的事务所治理结构和治理机制，形成以章程为核心的、完善的内部决策和管理制度体系，积极树立"人合、事合、心合、志合"的事务所治理理念，推动形成诚信、合作、平等、协商的事务所合伙文化。

2009年10月国务院办公厅转发了财政部《关于加快发展我国注册会计师行业的若干意见》，明确提出，力争通过5年左右的时间，努力实现会计师事务所的规模结构优化合理；会计师事务所的执业领域大幅度拓展；会计师事务所执业环境显著改善；会计师事务所组织形式、治理机制和管理制度更加科学；注册会计师队伍职业道德水平和专业胜任能力显著提高。为此，需要加快形成大中小会计师事务所协调发展的合理布局；切实加大促进注册会计师行业发展的政策扶持和引导力度；全面实施注册会计师行业人才战略；严格注册会计师行业行政监管和自律约束；不断加强注册会计师行业诚信建设和内部治理；进一步强化注册会计师行业加快发展的组织领导。

2.2 我国会计师事务所的合并浪潮

自20世纪80年代恢复重建以来，我国注册会计师行业先后经历了几次会计师事务所的合并浪潮。最早的合并浪潮发生在1998年事务所脱钩改制以后，主要是刚刚成为独立法人的会计师事务所通过合并扩大规模以提高事务所的竞争力，比如当时北京最大的两家会计师事务所即北京会计师事务所与京都会计师事务所合并成为北京京都会计师事务所。

此次会计师事务所之间的合并浪潮具有以下特点：(1) 主要以具有证券从业资格的事务所为龙头，实现了强强事务所之间的联合。如厦门天健和厦门华天合并为厦门天健华天；中瑞和中华合并为中瑞华；辽宁东方和大连北方合并为辽宁天健；广东正中和广东安德、广东审计合并为广东康元；湖北大信和湖北发展合并为大信发展；山西中元和晋元合并为山西天元等。(2) 合并过程中注重实现业务的多元化。通过合并，很多会计师事务所不仅吸引了注册会计师，还吸收和聚集了大量的注册税务师、注册资产评估师、工程造价师，从而在人力资源和客户资源方面都扩大了优势，也为新业务的拓展,实现事务所的业务多元化奠定了基础。(3)跨地区的会计师事务所之间的合并数量显著增加。如跨四省(市)的沈阳华伦、北京中伦信、山西高新、吉林华伦、长春恒信和鞍山禹华六家会计师事务所合并为华伦会计师事务所;海南从信吸收合并了北京正开达和宜昌长江;北京永拓吸收合并了江苏中瑞和天津利成;天健(信德)吸收合并了宁波永德(余玉苗和詹俊,2000)。

进入2000年以后,随着我国注册会计师行业发展的相关法律法规如《会计师事务所分所设立审批管理办法》《会计师事务所合并审批管理办法》《关于会计师事务所和注册会计师换发证券、期货相关业务许可证的通知》等的密集出台,注册会计师行业的发展不断得到规范和强化,比如会计师事务所的合并与设立分所的审批和操作日益规范,证券资格和金融审计资格的会计师事务所的门槛不断提高。为适应这种新的形势,我国会计师事务所掀起了一轮合并的浪潮。① 据统计,截至2001年6月30日,经过脱钩改制和并购重组,会计师事务所由1999年的6 045家减少为4 446家,其中合伙所591家,有限责任制所3 855所,执业注册会计师54 220名,从业人员30万人。

2007年以后,为适应我国对外开放水平不断提高,服务贸易不断增长的现实,更好地为中国企业"走出去"服务,中国注册会计师协会于5月颁布了《关于推动会计师事务所做大做强的意见》,提出了"积极支持会计师事务所在依法、自愿、协商的基础上进行合并"的指导意见。由此,我国注册会计师行业新一轮的合并浪潮兴起。而随着国务院办公厅2009年7月转发财政部《关于加快发展我国注册会计师行业若干意见》,以及证监会与财政部联合发布《会计师事务所从事H股企业审计业务试点工作方案》,提出会计师事务所从事H股企业审计业务应具备的条件,此轮会计师事务所的合并浪潮持续深入。②

中国注册会计师协会2009年对近两年进行合并的11家较大规模的会计师事务所进行调研后发现,该11家会计师事务所在合并过程中具有以下特点:(1)会计师事务所之间的强强合并特别是百强之间的合并成为新的合

---

① 据统计,截至2001年3月底,全国共有28个省、市、自治区的407家会计师事务所合并成为150家会计师事务所。

② 2009年,为获取H股审计资格,大信、万隆亚洲、京都天华、利安达、浙江天健东方、天健光华、信永中和、中审亚太等事务所均进行了合并,从而达到了试点工作方案规定的门槛要求。

并趋热。该 11 家会计师事务所由 38 家会计师事务所合并形成,其中 21 家进入中注协的百强排名,占合并事务所总数的 55%。(2)合并后会计师事务所的整体实力显著增强。该 11 家会计师事务所在合并前业务收入最低的只有 6 046 万元,最高的达到 65 217 万元,平均收入为 3 亿元。合并后,该 11 家会计师事务所业务收入过亿的达到 8 家,有 6 家收入超过 3 亿。就执业人员来说,该 11 家会计师事务所合并后,平均注册会计师的数量达到了 506 名,平均从业人员则达到了 1 160 名。(3)合并基本上是政策引导下事务所的自主合并。合并主要是以做大做强、拓展市场、提高竞争为目标,合并伙伴的选择充分体现了自愿原则。(4)注重实质性合并以及资源和管理的整合。多数事务所合并各方都以实质性合并作为合并的前提条件,合并使会计师事务所在六个方面实现了整合和统一,包括"品牌统一、执业网络统一、质量控制统一、人力资源管理统一、财务制度统一、信息技术平台统一"。(5)合并对象的选择日趋理性。合并伙伴的选择更加理性,在质量控制、合伙人的经营理念和风险意识,以及客户类型、地域和执业资质等方面都进行了充分的考虑(王凯,2009)。

2.3 我国独立审计市场的结构

自 20 世纪 80 年恢复重新注册会计师行业以来,我国的注册会计师事业得到了极大的发展。那么,我国会计师事务所发展的现状如何?有什么样的特点与不足?我国独立审计市场的结构呈现什么样的特点?有什么样的发展趋势?下面我们根据中国注册会计师协会公布的相关信息做一个简要的分析。

表2-1 2002—2012年我国百强会计师事务所相关信息

年度	国内百强事务所(含"四大")		"四大"事务所		国内"十大"事务所	
	CPA人数	业务收入（万元）	CPA人数	业务收入（万元）	CPA人数	业务收入（万元）
2002	9 900	443 114	818	163 854	1 724	64 359
2003	11 562	522 714	1 065	203 971	2 095	72 705
2004	11 287	710 819	1 023	324 898	2 005	94 046
2005	13 419	929 630	1 350	459 816	2 853	133 060
2006	14 719	1 180 943	1 671	625 906	3 366	164 720
2007	17 152	1 646 770	1 924	901 075	4 300	246 291
2008	19 748	1 967 212	2 555	1 038 917	5 154	362 189
2009	23 124	2 061 051	2 907	913 042	7 509	531 723
2010	24 968	2 310 383	3 340	951 687	7 950	573 028
2011	25 577	2 788 763	2 903	1 009 109	9 382	884 336
2012	26 087	3 144 855	3 141	1 064 302	10 080	1 135 653

注：来源于中国注册会计师协会网站，经作者整理而成。

在表2-1中，我们分别计算了2002年至2012年全国百强会计师事务所的业务总收入和CPA人数，以及国际"四大"的业务收入和CPA人数的变化情况，以及当年国内"十大"会计师事务所的业务收入和CPA人数的变化情况。

从表2-1中可以发现：(1) 从2002年至2012年间，我国注册会计师行业发展速度极快，百强会计师事务所的业务收入从44亿元增长到314亿元，增长超过7倍；百强事务所的注册会计师人数由9 900人增长到26 087人，增长了近3倍。

(2) 从2002年至2012年，"四大"会计师事务所的业务收入在百强会计师事务所的业务收入总额中所占的比重从36.98%下降到了33.84%，而同期国内"十大"(以当年为准)会计师事务所在百强会计师事务所的业务收入总额中所占的比重从14.52%上升到36.11%。说明我国内资会计师事务所特别是大型会计师事务所的规模不断扩大，与国际"四大"(中国)的差距日益缩小。

(3) 2012年，在百强会计师事务所中，国内的瑞华会计师事务所业务收入超过了"四大"中的安永华明和毕马威华振,而在综合排名上,瑞华和立信分列第 3 位和第 5 位,这也是我国内资会计师事务所在业务收入和综合排名上首次超越国际"四大"在中国的合资所。

(4)除了国内"十大"会计师事务所以外,国内会计师事务所的整体规模仍然较小,在百强会计师事务所内,除"四大"和国内"十大"外,其他 86 家会计师事务所业务收入总额占百强会计师事务所的总额在 2012 年只有 30%。

通过以上的分析,我们可以得出如下结论:

(1)经过三十多年的发展,我国注册会计师行业取得了长足的进步,无论是业务收入,还是从业人员数量,以及从业人员的学历水平都有了显著提高。注册会计师服务的市场规模不断扩大,从业人员结构进一步优化,高端人才进一步集中。我国注册会计师行业呈现出蓬勃发展的良好态势,为我国注册会计师行业的持续健康发展奠定了良好的基础。

(2)我国国内大型会计师事务所(以当年的国内"十大"为准)呈现出快速发展的态势,与国际"四大"会计师事务所相比,无论是业务收入还是从业人员数量和素质都逐渐接近,并有超越之势(2012 年瑞华的业务收入已经超过安永华明和毕马威华振),表明我国会计师事务所做大的战略效果正日益显现。

(3)相对于其他国家的审计市场结构,我国独立审计的结构还未形成寡头垄断的市场结构,不利于审计质量的提高和审计行为的规范化。

2.4 我国会计师事务所合并的动因

合并是企业迅速发展壮大的重要方式。研究发现,世界 500 强企业基本都是通过兼并、收购、参股、控股等手段发展起来的。通过并购,企业可以实现管理协同、规模经济、风险分散等效应。

会计师事务所作为提供中介服务的专业组织,同样也需要通过合并实现事务所的发展壮大。国际"四大"会计师事务所的发展历程基本上就是一部合并的历史。从20世纪70年代的"九大",到80年代的"八大",90年代的"六大"、"五大",基本上都是一系列合并的结果。而随着2001年"安然事件"而导致的安达信的破产,现在国际会计师事务所呈现出"四大"格局,分别是普华永道(PWC)、安永(EY)、毕马威(KPMG)和德勤(DT)。那么,我国会计师事务所合并的具体动因有哪些呢？从我国会计师事务所合并的几次浪潮来看,我国会计师事务所合并的动因基本可以分为外部动因和内部动因。

2.4.1 我国会计师事务所合并的外部动因

我国会计师事务所合并的外部推动因素主要包括两个方面,一是通过合并满足监管要求,以顺利开展法定审计业务。

比如,关于证券期货业务的注册会计师审计资格,财政部和证监会曾多次进行调整。自1992年国务院发布《国务院关于进一步加强证券市场宏观管理的通知》(国发〔1992〕68号),要求股份制试点企业应经证券资格会计师事务所进行财务审核后才可提出公开发行上市股票的申请以后,根据《注册会计师法》和《证券法》的相关规定,财政部与证监会分别于1993、1994、1996、1997、2003及2007年六次制定或修订相关管理办法,逐步形成了目前的会计师事务所证券资格申请制度。

最早的明确规定从事证券业务的会计师事务所须具备的条件的文件是财政部和中国证监会于1993年2月印发的《关于从事证券业务的会计师事务所、注册会计师确认的规定》(〔93〕财办第5号)。此文件中,明确规定从事证券业务的会计师事务所必须符合下列条件:应依法批准成立已达三年,经登记取得法人资格,内部机构及管理制度比较健全；专职从业人员不少于30人,至少有8名具有3年以上财务审计工作经验的专职注册会计师；具有良好的职业道德记录和声誉,在以往3年内没有发生过严重工作失误和违反职业道德的行为；必须根据规定向有关机构购买职业责任保险或事业发展基金不少于50万元、风险准备基金不少于10万元。

1996年2月,财政部和中国证监会联合印发《会计师事务所、注册会计师从事证券相关业务许可证管理暂行办法》,对事务所申报从事证券相关业务许可证的条件进行了调整,要求满足以下条件:依法成立三年以上,内部机构和管理制度比较健全；专职从业人员不少于60人；具有良好的职业道德记录和声誉,没有发生过严重的工作失误和违反职业道德的行为,没有发生过重大违法违规行为。

2000年6月，财政部和中国证监会颁布的《注册会计师执行证券、期货相关业务许可证管理规定》，要求会计师事务所申请证券许可证，至少要具有20名取得证券相关业务资格、年龄不超过60周岁的注册会计师，上年度业务收入不低入800万元，有限责任事务所的实收资本不低于200万元，合伙会计师事务所的净资产不低于100万元。2000年8月，中国注册会计师协会与人民银行总行就金融机构审计资质达成的协议中指出：对从事政策性银行、国有独资商业银行、金融资产管理公司、股份制商业银行、外资银行和人行总行直接监管的非银行金融机构审计业务的会计师事务所，要求其注册会计师不少于60人，上年度业务收入不少于1 500万元。财政部对承接国有企业年度会计报表审计工作的会计师事务所也提出了要求。

2007年4月，为适应我国证券市场不断发展的现实并与修改后的《证券法》保持一致，财政部和证监会发布了《关于会计师事务所从事证券、期货相关业务有关问题的通知》（财会〔2007〕6号），对我国会计师事务所从事证券、期货相关业务的资格进行了调整，规定会计师事务所申请证券资格，应当具备以下条件：依法成立3年以上，质量控制制度和内部管理制度健全并有效执行，执业质量和职业道德良好；注册会计师不少于80人，有限责任会计师事务所的净资产不少于500万，合伙会计师事务所的净资产不少于300万元；会计师事务所职业保险的累计赔偿限额与累计职业风险基金之和不少于600万元；上一年度审计业务收入不少于1 600万元；持有不少于50%股权的股东，或半数以上合伙人最近在本机构连续执业3年以上。

2012年1月，财政部、证监会联合发布了《关于调整证券资格会计师事务所申请条件的通知》（财会〔2012〕2号）。对于证券资格事务所申请条件再次进行了调整，对业务收入和审计业务收入的要求，由"上一年度审计业务收入不少于1 600万元"调整为"上一年度业务收入不少于8 000万元，其中审计业务收入不少于6 000万元"；另外，证券资格事务所须应有注册会计师200人，其中近5年持有注册会计师证书且连续执业的注册会计师不少于120人；关于事务所的组织形式，将证券资格事务所组织形式限定为特殊的普通合伙与普通合伙两种。

从以上我国有关证券资格的会计师事务所须具备的要求与条件来看，每次调整都对申请证券资格的会计师事务所提出了更高的要求，这些资质的不断提高直接促成了事务所的合并,以便达到规定的标准。因为,单纯地依靠事务所内生的自我积累和发展将很难满足不断提高的要求。当然,这也可能是政府通过相关的政策引导注册会计师行业发展的制度安排。在证券资格的会计师事务所资质要求不断提高的情况下,具有证券资格的会计师事务所通过合并重组,数量不断减少,由脱钩改制前的 105 家减少到现在的 44 家。

二是通过合并提高会计师事务所的市场竞争力,更好地适应客户的要求和审计市场的竞争。

随着世界经济一体化的发展,公司特别是跨国公司的发展速度越来越快,公司的规模不断扩大,涉及的业务范围越来越宽,从而对会计师事务所提出了更高的要求。会计师事务所只有不断扩大自己的规模,拓展自己的服务领域,扩大自己的市场范围,才能适应客户不断增长的需求,更好地在审计市场的竞争中立足并扩大市场份额。20 世纪 90 年代以来,公司的规模化发展达到了空前的高度。很多大型公司都通过合并创造了历史,如美国波音公司与麦道公司 1997 年的合并、宝马与劳斯莱斯 1998 年的合并、2000 年美国在线与时代华纳的合并等,都在其所在的行业引发了震动。公司的规模化发展导致对注册会计师的审计服务需求也迅速增加。因此,顺应这种发展的趋势,会计师事务所合并成为注册会计师行业发展的潮流。通过合并,目前国际"四大"会计师事务所占据了大多数国际跨国公司包括全球财富 100 强的审计服务市场。

从国内的情况来看,随着我国加入 WTO 并融入世界经济的一体化以来,我国的公司特别是国有大中型企业也逐渐走上了规模经济的发展道路。跨地区和跨行业的大型公司和公司集团不断涌现。比如,最新公布的 2013 年《财富》世界 500 强中,就有 95 家中国公司上榜,总数逼近美国(132 家)。随着企业规模的扩大,业务的范围越来越宽泛,对注册会计师的服务需求也日益多样化,除了传统的财务报表审计以外,内部控制鉴证、税务咨询与筹划、企业估值、财务顾问、管理咨询、战略筹划等服务的需求也越来越多。因此,会计师事务所只有不断做大做强,提高专业服务能力,扩大业务服务范围,才能更好地满足国内企业的服务需求。而且,随着中国企业"走出去"战略的实施,也需要中国注册会计师通过自己的专业服务,为我国企业走出国门提供信息指导、国际鉴证与战略咨询等服务。此外,随着我国经济的迅速发展,会计师事务所实施"走出去"战略,参与国际审计市场的竞争也是必然的发展方向。

要实现会计师事务所规模化发展,应对不断增长的客户需求,并在市场竞争中立于不败之地并扩大市场的份额,有依靠自生的内涵发展和通过合并实现快速发展两条路径。但是,在经济快速发展、审计市场竞争加剧、客户需求快速增长的环境下,会计师事务所仅仅通过自身的经验、资本、人员的积累等内生性的发展模式,往往需要很长时间,而通过事务所之间的合并,可以迅速扩大规模,扩大市场范围,拓展服务的领域,更好地应对客户的需求和自身的发展需要。

2.4.2 我国会计师事务所合并的内部动因

我国会计师事务所的合并除受到满足监管要求和更好地服务客户的需求等外部力量的推动外,也有自身的内部推动因素的作用。具体来说,一是通过合并,可以实现规模经济(Economies of Scale)效应,降低审计成本,提高审计效益,从而提高会计师事务所在审计市场上的竞争优势。

规模经济是指在一定的科技水平下,随着企业生产能力的扩大,长期平均成本呈现下降的趋势,即长期费用曲线向下倾斜,长期成本曲线上的最低点就是"最小最低规模"。注册会计师的审计服务市场也存在规模效应,就其原因来说,可能包括审计师行业知识累积过程中的"干中学"效应和由于行业专业化所形成的"资产专用性"(韩洪灵和陈汉文,2009)。

会计师事务所通过合并可以显著增强其行业专业化水平。20世纪70年代,普华会计师事务所在美国娱乐业、办公设备制造业、石油业、钢铁和煤炭业的审计市场中就已经占据48%、70%、44%和61%的市场份额,其他大型会计师事务所在特定行业的市场份额也接近或超过50%。2002年以后,"四大"会计师事务所更加重视实施行业专业化战略。2002年年末,安永在航空运输业的市场份额为48.7%,毕马威在非储蓄机构的市场份额达到59.5%,德勤在债券和期货经纪公司中的市场份额达到56.8%。2006年以后,"四大"的行业专业化战略发展态势更加深入。从国内的情况来看,我国会计师事务所的行业专业化水平还比较低,未形成一定的垄断态势,不利于事务所的自身发展和竞争优势的获取。因此,通过合并,可以提高事务所的行业专业化水平,更好地发挥规模经济效应,降低审计成本,提高事务所核心竞争力。此外,事务所合并后,员工有更多的机会参与不同行业企业的审计实践,可以显著提高员工的专业技能,学习效应可以得到更有效的发挥,也有助于规模经济效应的实现。

二是通过合并,可以扩大会计师事务所的业务范围,实现范围经济效应,降低业务成本,分散经营风险。范围经济(Economies of Scope),是指由厂商的生产范围而非规模的扩大所带来的成本下降,因为把两种或更多的产品合并在一起生产会比分开来生产的成本要低,从而产生范围经济。会计师事务所通过合并,可以实现事务所的业务多元化,为范围经济效应的实现奠定了基础。

随着会计师事务所合并和规模的扩大,事务所不仅可以提供审计服务,还可以提供其他鉴证业务服务如内部控制鉴证服务,以及非鉴证业务服务如管理咨询、税务筹划、资产评估等。会计师事务所的业务多元化可在不同的业务之间会产生交叉补贴,从而形成范围经济。知识溢出可能是交叉补贴形成的原因之一。因为,当事务所向同一客户既提供审计服务,又提供其他鉴证服务(如内部控制鉴证服务)或非鉴证业务服务(如管理咨询)时,提供其他鉴证服务或非鉴证业务服务的知识可以向审计服务过程"溢出",从而节省审计成本,提高审计服务的效率;与此同时,审计服务中所获得的知识也可以向其他鉴证服务或非鉴证业务服务"溢出",事务所可以向客户提供更高质量的非审计鉴证服务和其他非鉴证业务服务如管理咨询服务等,从而更好地满足客户的需求。

此外,会计师事务所合并产生范围经济的另外一个原因就是,会计师事务所合并后,可以在较大的范围内进行人力资源的调配,从而减少资源的浪费;也更有能力在执业程序上和标准上建立更严格的规范,并提供更好的人力资源培训,降低事务所内部的组织交易费用(吕先锫,2012),从而产生范围经济效应。

三是通过合并,可以强化会计师事务所的文化建设,推动事务所做大做强。企业文化通常是指企业在长期的发展过程中形成的一种价值观和行为规范。会计师事务所作为中介组织,文化建设也是影响其生存和发展的重要因素。国际"四大"会计师事务之所以能够在全球审计服务市场上牢牢占据着支配地位,除了其良好的服务质量和丰富的技术手段外,良好的品牌声誉也是重要原因之一。而品牌正是企业文化的重要构成和良好的企业文化建设的结果。好的品牌意味着信誉和质量。相比于国际大型会计师事务所,我国会计师事务所的差距,不仅在于服务的质量,更重要的差异还在于品牌的差距(廖声华,2007)。其结果就是我国的审计市场短期行为比较严重,低价揽客、恶性竞争现象时有发生,事务所的合伙文化也比较缺乏，人才流失比较严重，最终影响到事务所的做大做强和可持续发展。而通过合并，可以扩大市场份额，提高竞争优势，为加强会计师事务所的文化建设，减少恶性竞争，促进事务所的做大做强打下良好的基础。

2.5 我国会计师事务所合并的类型

会计师事务所的合并根据不同的标准可以划分为不同的类型。根据事务所合并前后的存续关系，可以划分为吸收合并、新设合并和松散的联合体。根据合并对象的不同，可以分为外资所合并国内事务所、国内大型会计师事务所强强合并、国内大型会计师事务所合并中小型会计师事务所，以及国内大型会计师事务所吸收合并海外会计师事务所等。

吸收合并是指由一家无论在执业质量、信誉或市场渠道等方面占优势的会计师事务所兼并与其实力上存在明显差距的会计师事务所，吸收合并后，被吸收的事务所将不再保留法人资格。而吸收方由于在规模、信誉、执业质量以及市场份额等方面都有比较明显的优势，因而在合并过程中往往占据主导地位。吸收合并后，也继续以吸收方的名义继续执业。吸收合并的优点在于，从小型事务所即被吸收方角度来说，可以分享大型事务所的品牌、先进的管理经验和良好的执业技术；从大型会计师事务所即吸收方角度来说，由于小型会计师事务所一般在当地具有良好的人脉关系和市场，因而吸收合并可以帮助大型会计师事务所更好更快地进入当地审计市场。

新设合并是指在实力接近的两个或多个会计师事务所为了增强市场的竞争力，获取更大的经济效益所进行的合并，合并以后，原来会计师事务所的法人资格都不再保留而是成立一个新的法人。新设合并可以实现事务所的强强联合，优化资源配置，降低运作成本，提高执业的效率；可以实现事务所的优势互补，扩大市场占有率，增强应对市场竞争的能力。

松散的联合体一般是指会计师事务所集团，指以特定的会计师事务所为核心，由多家会计师事务所组成具有共同利益和密切关系的会计师事务所联合体(吕先锫，2012)。在这个联合体中，存在着核心层、松散层及紧密层等多层次的组织结构,其中,核心层的会计师事务所起着主导作用,是会计师事务所存在的集团,核心层的形成也是合并能否达到预期目标的关键。

外资所合并国内会计师事务所主要指规模大、实力强、信誉好的国际知名大所特别是国际"四大"会计师事务所吸收合并内资会计师事务所。其中,较为著名的案例有2001年2月安永会计师事务所吸收合并大华会计师事务所,成立安永大华,作为第一家国际知名事务所与本土事务所的"联姻",当时曾引起国内注册会计师行业的极大关注。2005年3月,德勤会计师事务所吸收合并北京天健会计师事务所,成为继2001年2月安永吸收合并大华会计师事务所之后,又一起"四大"并购中国大型会计师事务所的事件。2005年9月,德勤又吸收合并了深圳天健信德会计师事务所。

国内大型会计师事务所吸收合并海外会计师事务所是指国内具有优势的大型会计师事务所为进军海外市场,拓展海外业务,获取海外的市场地位和竞争优势,通过合并海外的特色会计师事务所,对其经营管理实施一定的或完全控制的行为。如信永中和会计师事务所2005年7月合并重组了位居香港会计师事务所第13位的何锡麟会计师行(HO&HO),并将其更名为信永中和(香港)会计师事务所。合并使信永中和的业务扩展到了香港,同时还进入B股、H股的审计市场。2010年5月,中瑞岳华会计师事务所与新加坡最大的会计师事务所——石林会计师事务所各出资50%,设立了中瑞岳华(新加坡)会计师事务所。其服务的对象一是拟到新加坡上市的中国企业;二是拟进军中国市场的新加坡本土企业或亚太区企业;三是已在新加坡设立分支机构或拟在新加坡谋求进一步发展的中国企业。

CHAPTER 3

会计师事务所合并与审计收费

根据产业组织理论的"结构主义"研究范式,市场结构会决定市场行为,在给定的市场结构下,市场行为又会决定市场绩效。因此,审计市场的结构及在审计市场环境中的会计师事务所行为与绩效一直是审计研究广泛关注的话题。而会计师事务所的合并会对审计市场的结构产生显著的影响,因而会对审计市场的行为,进而对审计市场的绩效产生影响。2002年,美国颁布《SOX法案》曾敦促美国会计总署对会计师事务所的合并问题进行研究与报告,以确定合并的原因及对现时和未来的影响。

我国自2005年以来所发生的会计师事务所合并对我国独立审计的市场结构产生了显著的影响。那么,新一轮会计师事务所合并对我国独立审计市场的行为会产生什么样的影响?对独立审计的绩效(以审计质量作为替代指标)又有何影响?从本章开始,此后的三章将分别从审计收费、审计风险控制以及审计生产效率三个方面对会计师事务所合并对审计市场行为的影响进行实证分析。第6章考察了会计师事务所的合并对审计市场绩效(以审计质量作为替代指标)的影响。第7章则以天健东方与开元信德的合并为案例考察了会计师事务所合并的经济后果。

会计师事务所通过合并实现规模化发展有助于事务所提高审计生产效率,降低审计生产成本,从而降低审计收费;但与此同时,事务所合并也会提高事务所的市场议价能力,提高会计师事务所的行业专业化才能,从而提高审计收费。按照"结构—行为—绩效"的结构主义研究范式,审计市场的收费行为作为审计市场行为的重要组成部分,会受到审计市场结构的影响,同时又会对审计市场的绩效产生重要的影响。由于我国独立审计市场的结构相对于其他发达国家的独立审计市场,寡头垄断的市场结构并未完全形成,审计市场的竞争仍然激烈,低价揽客、恶性竞争的局面依然存在。因此,探究事务所的合并对审计市场结构的影响,进而考察对审计收费行为的影响,对于探索注册会计师行业的下一步发展战略,更好地对注册会计师行业进行监管,促进我国注册会计师行业的持续健康发展,具有重要的理论意义和实践价值。同时,探寻会计师事务所的合并对于研究审计收费行为,对于更深入地理解中国审计市场的结构、行为与绩效具有重要意义。那么,我国新一轮的会计师事务所合并对审计收费行为产生了什么样的影响呢?基于此,以中国2005年以来发生的14起会计师事务所合并案为例,通过大样本的经验数据探讨了会计师事务所的合并对审计收费的影响,并分别大客户市场和小客户市场考察了其对审计收费行为的不同影响。

3.1 文献回顾、理论分析与研究假说的提出

作为审计市场行为的重要组成部分,审计收费行为受到多种因素的影响。其中,会计师事务所的合并对审计收费行为可能会产生正反两方面的影响。一方面,会计师事务所的合并可能会提高审计收费,主要原因包括:(1)合并可以使会计师事务所的市场议价能力得到进一步提升,有助于事务所提高审计收费。审计市场的收费行为取决于会计师事务所与客户之间的相对议价能力。"四大"会计师事务所之所以能够收取较高的审计收费的溢价,其中一个原因就在于其拥有较高的市场占有率从而拥有的高议价能力(Fransic,1984;Francis 和 Stockes,1986;Palmore,1986;Francis 和 Simons,1987;Rubin,1988 etc)。(2)合并使事务所更有可能提供具有差异化的审计服务产品,从而提高审计收费。如果事务所能使客户相信其所提供的审计服务产品具有差异性,他们就可以据此收取差别化的费用。审计产品可能的差异性包括三个方面:审计意见的质量差异,即不同的事务所具有不同的审计技术和审计成本投入,从而导致审计意见本身的质量差异;信号传递方面的差异,即不同的事务所通过累积声誉与品牌,使事务所的审计意见能传递客户不同的信息;有区别的损失保险能力,即不同的事务所通过资本的累积,在面临诉讼时具有差异化的赔偿能力(韩洪灵、陈汉文,2009)。会计师事务所的合并为事务所提供差异化的审计服务产品提供了更大的可能,原因包括,合并有助于事务所行业专业化能力的形成,从而为提高审计质量,进而为实现审计意见本身的差异化提供了可能;合并使事务所更有可能形成一定的声誉与品牌,从而为向市场传递差异化的信息提供了保证;合并使事务所的规模扩大,从而为其风险承受能力的提升与赔付能力的增强奠定了基础。

另一方面,会计师事务所的合并也可能会使审计收费降低,主要原因包括:(1)会计师事务所的合并可能使事务所产生规模经济效应。规模经济意

味着"长期平均成本曲线"向下倾斜,长期平均成本曲线上的最低点就是"最小最佳规模",即最低平均审计成本只有在一定的批量产出上获得。规模经济的优势就是较高的运行效率,从而降低审计的生产成本,进而导致审计收费的降低。规模经济效应产生的原因包括审计师知识累积过程中的"干中学"(learning by doing)效应以及行业专业化才能的形成,而事务所的合并都有利于这两种能力的发挥。DT、EY 合并前审计每亿元资产需要投入的专业人员数量为8.33,而合并后的1996年这一数据降为5.00,下降了40%,而同期其他四家大型会计师事务所每亿元资产投入的专业人员数量分别为8.43和6.38,仅下降了24%。(2) 会计师事务所的合并使事务所更有可能发挥"知识溢出"和"范围经济"效应,从而节省审计的成本,进而降低审计收费。合并使会计师事务所规模扩大,事务所进行技术开发和创新的能力和动力更强,事务所所能提供的服务产出(包括附加值更高的非审计服务如管理咨询服务)会更多,可能产生范围经济效应。另外,随着事务所规模的扩大和规模经济效应的显现,事务所的日常审计作业所需的劳动力成本减少,也为事务所提供更多附加值更高的其他非审计服务如咨询服务提供了人力资源保证。当事务所向同一客户提供审计服务与其他非审计服务如咨询服务时,提供咨询服务所获得的知识,可能向审计产品"溢出",从而节约审计成本,事务所为此可以向客户提供价格折扣;此外,审计服务过程所获得的知识也可能会向其他非审计服务如咨询服务"溢出",这样事务所可以为客户提供高质量的非审计服务,而这部分非审计服务的收入可以相应弥补事务所审计收费的降低,从而为审计收费的减少提供了基础。

尽管从理论上说,会计师事务所合并对审计收费可能产生正反两方面的影响,但是,从现实的层面来看,不同类型的会计师事务所合并、不同制度环境下的会计师事务所的合并,都有可能对审计收费产生不同的影响。围绕着这一问题,国内外文献进行了广泛的研究,但并未取得一致的意见。Iyer 和 Iyer(1996)针对英国270家由"四大"会计师事务所审计过的公司的研究发现,没有证据证明合并的事务所与未合并的事务所在审计收费结构上存在差异,并且,上市公司的审计收费在事务所合并后并未显著上升。Firth 和 Lau(2004)通过对1997年香港关黄陈方事务所(KWTF)与德勤事务所(DTT)合并为新的德勤,以及1998年永道事务所(CL)和普华事务所(PW)合并为普华永道(PwC)两个合并案的研究发现,相对于前一起合并,KWTF的审计收费在合并后并没有显著提高;相对于后一起合并,合并后的CL的审计收费也没有变化。之所以会出现这种结果，他们认为 PwC 的合并是对日益加剧的市场竞争的一种反应，因而客户并不愿意为此支持更高的价格。但与此同时，其他的研究则发现会计师事务所合并显著提高了审计的收费。如 Lee(2005)针对香港市场事务所合并案的分析发现，在"八大"合并前，参与合并的事务所的审计收费显著低于那些未发生合并的事务所；但在合并后，发生合并的事务所的审计收费显著提高至那些未合并的事务所的水平。McMeeking 等(2007)利用 1985 至 2002 年的数据，实证检验了英国审计市场上事务所的合并对审计市场集中度与审计定价的影响，结果发现，事务所合并会导致审计市场集中度的提高与审计收费的增加。但他们认为，事务所合并导致的审计费用上升主要原因在于产品差异化而非价格垄断；此外，大事务所合并（如"六大"）对声誉溢价和价格竞争的影响取决于不同的环境，如果事务所与更大的事务所合并，则被审计单位很可能要支付更高的审计费用。综合来看，关于合并对会计师事务所审计收费的影响并未取得一致的结论。基于此，本章继续对这一问题进行探讨。

从我国的审计市场结构来看，我国的审计市场并未形成寡头垄断的局面，尽管"四大"会计师事务所的营业收入位列我国会计师事务所营业收入的前四名，但无论是按照审计收入还是客户资产所占比重来计算，"四大"在证券审计市场的份额都未超过 50%，远低于 80% 多的美国以及其他市场份额更高的国家，而内资会计师事务所的市场占有率更低。此外，从绝对数来看，我国拥有超过 6 000 多家会计师事务所，审计市场的集中度不高，审计市场的竞争包括价格的竞争依然很激烈。因此，事务所的合并特别是国内会计师事务所之间的合并有助于提高事务所的议价能力，提高审计收费，减少单纯的价格竞争所造成的恶性循环。此外，我国国内会计师事务所特别是内资所的规模在合并前相对来说都较小，行业专业化程度还不强，市场的标识度还不够，所能够提供的审计服务产品的差异化还不大，包括审计意见本身的质量差异、信号传递方面的差异以及损失的保险赔付能力差异还不大。因此，通过合并，为事务所提供差异化的审计服务产品提供了可能，从而也可能导致审计收费的提高。最后，在我国会计师事务所的服务产品结构中，审计服务所占的收入仍然较高，而其他非审计服务如管理咨询服务、税务服务所占的比重非常低。尽管通过合并，近年来大型事务所的其他业务收入的比重有所提高，但总的来看，比率仍然较低，范围经济和知识溢出效应还未得到充分的发挥，因此，事务所无法通过其他非审计服务的收入为客户提供审计业务收费的折扣。基于以上的分析，我们提出：

研究假说1：我国会计师事务所合并后审计收费会有显著提高。

审计市场从需求方角度可以被细分为大客户市场和小客户市场。那么，事务所的合并对审计收费的影响在大客户市场与小客户市场是否存在差异？一般来说，在大客户市场上，会计师事务所合并后更有可能发挥规模经济效应，因为规模经济效应的发挥必须有一个"最小最佳规模"，即最低平均审计成本只有在一定的批量产出上才能获得，而在大客户市场这一效应更有可能得到发挥，从而提高审计的生产效率，降低审计的生产成本。另外，因为在大客户市场上，客户对其他非审计服务的需求也更多，因此事务所合并后，范围经济与知识溢出效应的发挥也更有可能，从而导致审计成本的降低。但与此同时，事务所合并后，市场议价能力会提高。此外，事务所合并后能够提供具有更大差异化的审计服务产品。因此，在大客户市场上，会计师事务所合并对审计收费所产生的正反两方面效应可能会相互抵消。因此，会计师事务所合并后审计收费可能没有显著的变化。但在小客户市场上，会计师事务所合并后，无论是规模经济效应，还是范围经济与知识溢出效应的发挥都由于客户的规模与资质等原因而受到较大的抑制。另外，相对于大客户的议价能力，小客户的议价能力更低，因此，在小客户市场上，会计师事务所合并后审计收费可能会有显著的提高。基于此，我们提出：

研究假说2：在大客户市场上，会计师事务所合并后审计收费没有显著的提高；在小客户市场上，会计师事务所合并后审计收费会有显著提高。

3.2 研究设计

3.2.1 会计师事务所合并案例选取

本章以2005年以来发生的会计师事务所合并案作为研究对象，总共14起案例（其中某些会计师事务所经历了多次合并，如天健、国富浩华、天健正信等）。这些合并案例按照合并双方规模与资质，包括证券资格的会计师事务所之间的合并、"四大"所合并国内所、证券资格的会计师事务所合并非证券资格的会计师事务所。按照合并的形式包括新设合并与吸收合并。具体的合并对象、合并后的简称以及合并日期如表 3-1 所示。

表3-1 本章选取的会计师事务所合并案

合并对象	合并后简称	合并日期	合并类型
德勤华永、北京天健	德勤华永	2005-3	吸收合并
北京信永中和、中兴宇	信永中和	2006-10	吸收合并
北京华证、厦门天健华天、北京中洲光华	天健华证中洲（2008年7月改名天健光华）	2007-1	新设合并
中瑞华恒信、岳华	中瑞岳华	2008-1	新设合并
安徽华普、辽宁天健	华普天健	2008-12	新设合并
北京京都、北京天华	京都天华	2008-12	新设合并
大连华连、中准	中准	2008-12	吸收合并
中审、亚太中汇	中审亚太	2009-2	新设合并
安永大华、安永华明	安永华明	2008-11	吸收合并
浙江天健东方、开元信德	天健	2009-9	吸收合并
信永中和、四川君和	信永中和	2009-5	吸收合并
北京立信、广东大华德律	立信大华	2009-11	新设合并
天健光华、中和正信	天健正信	2009-9	新设合并
北京五联方圆、万隆亚洲	国富浩华	2009-9	新设合并

3.2.2 模型的设定

为了检验会计师事务所合并对审计收费的影响，设立如下模型：

$$Ln(Fee) = \beta_0 + \beta_1 Merge + \beta_2 Size + \beta_3 Lev + \beta_4 Roa + \beta_5 Loss + \beta_6 Opinion + \beta_7 Arr + \beta_8 Invr + Random\ Effect$$

模型中 Ln(Fee) 为应变量，代表审计收费，以自然对数表示。$Merge$ 是测试变量，以虚拟变量表示，如果样本为合并后一年度则为 1，如果样本为合并前一年度则为 0，预期其系数为正，表示合并后的审计收费提高。模型中的其他变量是影响审计收费的控制变量，其中，$Size$ 代表公司的规模，用公司总资产的自然对数表示；Lev 代表公司的负债情况，用公司的资产负债率表示；Roa 表示公司的盈利情况，用公司的总资产收益率表示；$Loss$ 是代表公司是否亏损的哑变量，如果公司本年度发生亏损则为 1，否则为 0；$Opinion$ 是代表公司审计意见类型的哑意见,如果公司被出具非标准的审计意见报告,则为1,否则为0;*Arr*代表公司的应收账款占总资产的比重;*Invr*代表存货占总资产的比重。*Lev*、*Loss*、*Arr*、*Invr*代表公司的财务风险。另外,为克服其他缺失变量的影响,模型采用了面板数据的随机效应回归模型。

3.2.3 数据来源

为检验本章的研究假说,必须保证样本在会计师事务所合并前后没有变更会计师事务所。此外,为了更好地检验合并后的效果,我们以合并后一年(以合并年度为合并的当年度,以年度审计为准,如2008年1月合并则视2007年度为合并当年)被审计单位的审计收费作为审计收费的替代指标。因此,所选择的样本是在合并后一年内未变更会计师事务所的样本,这样符合要求的样本共499个。每家公司取事务所合并前一年与合并后一年共两年的观测值,共选取998个样本。本研究所使用的财务数据及其他数据来源于CCER数据库。另外,为验证研究假说2,我们以客户所属的行业所有上市公司的资产为标准进行四分位的划分,属于最大的四分位区间的称为大客户,属于最小的四分位区间的则称为小客户。这样,得到大客户的样本共282个,小客户的样本共204个。

3.3 实证结果与分析

3.3.1 分组检验

表3-2是会计师事务所合并前后的相关指标的分组检验结果。从表3-2的分组检验结果来看,会计师事务所合并后的审计收费无论是均值还是中位数都有显著的提高,这就初步证实了本章的研究假说1。另外,从控制变量看,除了合并前后客户的规模有所提高外,其他指标无显著的差异。

	均值			中位数			表3-2 会计师事务所合并前后相关指标的分组检验
	合并前	合并后	T检验	合并前	合并后	卡方检验	
Ln(Fee)	13.177	13.366	-4.824***	13.122	13.305	-4.726***	
Size	21.503	21.856	-4.770***	21.396	21.667	-4.442***	
Lev	0.468	0.482	-1.163	0.471	0.484	-0.968	
Roa	0.046	0.049	-0.807	0.037	0.041	-1.940	
Arr	0.089	0.087	0.400	0.069	0.062	-1.270	
Invr	0.179	0.176	0.417	0.147	0.142	-0.789	
Loss	0.09	0.06	1.644	0	0	-1.642	
Opinion	0.03	0.03	-0.324	0	0	-0.324	

注：*** 表示在1%的统计水平上显著；** 表示在5%的统计水平上显著；* 表示在10%的统计水平上显著。

3.3.2 相关性分析

表3-3是会计师事务所合并对审计收费影响的单变量相关性分析。表3-3的结果显示，会计师事务所合并与审计收费显著正相关，即合并后的审计收费显著提高，与研究假说1相符。此外，审计收费还与公司的规模（Size）、负债比例（Lev）、公司的盈利情况（Roa）、应收账款占总资产的比重（Arr）、亏损状况（Loss）以及非标准的审计意见显著正相关。

	Ln(Fee)	Merge	Size	Lev	Roa	Arr	Invr	Loss	表3-3 会计师事务所合并对审计收费影响的相关性分析
Merge	0.151***								
Size	0.690***	0.150***							
Lev	0.211***	0.037	0.377***						
Roa	0.112***	0.026	0.079**	-0.402***					
Arr	0.142***	-0.013	-0.240***	0.085***	-0.059				
Invr	0.037	-0.013	0.083***	0.261***	-0.059	-0.034			
Loss	0.136***	-0.052	-0.180***	0.155***	-0.538***	0.020	-0.017		
Opinion	0.079**	0.010	-0.127***	0.123***	-0.197***	-0.021	-0.078**	0.178***	

注：*** 表示在1%的统计水平上显著；** 表示在5%的统计水平上显著；* 表示在10%的统计水平上显著。

3.3.3 事务所合并对审计收费影响的多元回归结果及分析

在就会计师事务所合并对审计收费的影响进行单变量的相关性分析及分组检验的基础上,为控制其他因素的影响,本章还就会计师事务所合并对审计收费的影响进行了随机效应模型的多元回归分析,结果如表3-4所示。从表3-4的第2列可以发现,在控制了其他因素的影响后,反映会计师事务所合并的变量($Merge$)的系数为0.060,且在1%的统计水平上显著,这就证实了本章的研究假说1,表明我国新一轮的会计师事务所合并显著提高了事务所的审计收费。由于在本章的合并案例包括德勤华永和北京天健的合并,以及安永大华与安永华明的合并,为消除国际"四大"所在审计收费上的溢价影响,在表3-4的第3列中,从合并案例中剔除了上述二类合并案,从表3-4的第3列回归结果可以发现,在剔除了上述二类合并案后,反映会计师事务所合并的变量($Merge$)的系数为0.057,仍然在1%的统计水平上显著,这就排除了国际"四大"所合并中所可能存在的溢价因素的影响。这就使本章的研究假说1得到了进一步的证实。就控制变量来说,审计收费与公司的规模($Size$)、应收账款占总资产的比重(Arr)显著正相关,但未发现与其他变量有显著的相关关系,这可能与本章的样本较少有关。

表3-4 会计师事务所合并对审计收费影响的多元回归分析

变量	假说1	假说1（剔除"四大"所与内资所的合并）
Constant	5.509*** (15.87)	6.276*** (18.96)
Merge	0.060*** (3.82)	0.057*** (3.82)
Size	0.356*** (21.43)	0.319*** (19.98)
Lev	−0.062 (−0.64)	−0.058 (−0.66)
Roa	0.045 (0.21)	−0.014 (−0.07)
Arr	0.351* (1.85)	0.298* (1.74)

续表

变量	假说1	假说1 (剔除"四大"所与内资所的合并)
$Invr$	0.020 (0.18)	0.080 (0.79)
$Loss$	-0.002 (-0.04)	-0.022 (-0.51)
$Opinion$	0.004 (0.05)	0.011 (0.15)
Random Effect	有	有
Adjusted R Square	0.481	0.449
F	686.32***	615.62***
N	998	936

注：括号内是 T 值。*** 表示在1%的统计水平上显著；** 表示在5%的统计水平上显著；* 表示在10%的统计水平上显著。

表3-4的回归结果表明，会计师事务所合并后审计收费有了显著的提高。那么，收费的提高是由于事务所的议价能力提高了呢，还是由于事务所的声誉效应导致的呢？为此，我们将客户进一步分为小客户组和大客户组并分别进行了回归分析。以客户所属的行业所有上市公司的资产为标准进行四分位的划分，属于最大的四分位区间的称为大客户，属于最小的四分位区间的则称为小客户。这样，得到大客户的样本共282个，小客户的样本共204个。然后，分别大客户市场和小客户市场实证检验了会计师事务所合并对审计收费的影响，结果见表3-5。从表3-5的第2列结果可以看出，在大客户市场上，反映事务所合并的变量($Merge$)的系数为0.040，但统计上不显著，表明在大客户市场上，会计师事务所合并并未对审计收费产生显著的影响；但在表3-5的第3列中，反映事务所合并的变量($Merge$)的系数为0.082，且在5%的统计水平上显著正相关，表明在小客户市场上，会计师事务所合并后审计收费有了显著的提高。这就证实了本章的研究假说2。从控制变量的结果来看，基本与表3-4类似。

表3-5 区分大客户市场与小客户市场的会计师事务所合并对审计收费影响的多元回归分析

变量	大客户市场	小客户市场
$Constant$	2.990*** (2.69)	9.738*** (7.72)
$Merge$	0.040 (0.95)	0.082** (2.30)
$Size$	0.456*** (9.19)	0.153** (2.43)
Lev	0.125 (0.48)	0.287* (1.76)
Roa	0.824 (1.38)	0.158 (0.43)
Arr	0.877* (1.78)	−0.158 (−0.49)
$Invr$	0.129 (0.52)	0.132 (0.67)
$Loss$	0.006 (0.04)	−0.077 (−1.07)
$Opinion$	−0.428 (−0.68)	0.241** (1.97)
$Random\ Effect$	有	有
$Adjusted\ R\ Square$	0.277	0.079
F	138.72***	26.05***
N	282	204

注:括号内是 T 值。*** 表示在1%的统计水平上显著;** 表示在5%的统计水平上显著;* 表示在10%的统计水平上显著。

表3-5 的实证结果发现,在小客户市场上,会计师事务所合并后审计收费有了显著的提高,但在大客户市场上,会计师事务所的合并未对审计收费产生显著影响。那么,为什么会产生这样一个结果?除了大客户的议价能力较强外,是否是事务所通过合并提高了审计的生产效率,发挥了规模经济效应呢?基于此分析,在表3-6 中,针对大客户市场,实证考察了事务所的合并对审计总的生产效率和规模效率的影响。运用 DEA 数据包络分析方法,首先推算了会计师事务所合并前后的审计生产效率,继而实证考察了事务所合并对审计生产效率的影响。从表3-6 的结果可以发现,在大客户市场上,会计师事务所合并后,无论是总的审计生产效率,还是规模经济效率都有了显著的提高。因而,可以合理推断,之所以在大客户市场上,会计师事

务所的合并未对审计收费产生显著影响,一个重要的原因就是事务所通过合并提高了审计的生产效率,发挥了规模经济效应。因而,事务所在合并后尽管议价能力有所提升,但由于审计生产效率的提升降低了审计的生产成本,因而无须通过审计收费的提高来获得更高的利润。

表3-6 大客户市场上会计师事务所合并对审计效率影响的多元回归分析

变量	总的审计生产效率	规模经济效率
Constant	0.686*** (7.89)	0.869*** (10.81)
Merge	0.037*** (11.00)	0.033*** (6.62)
Size	0.006** (1.98)	0.003* (1.72)
Lev	0.023 (1.12)	0.024 (1.17)
Roa	−0.054 (−1.12)	−0.031 (−0.55)
Arr	−0.026 (−0.58)	0.138*** (3.44)
Invr	0.009 (0.45)	0.040** (2.46)
Loss	0.102*** (8.73)	0.007 (0.50)
Random Effect	有	有
Adjusted R Square	0.341	0.212
F	228.44***	73.25***
N		

注:括号内是 T 值。*** 表示在1%的统计水平上显著;** 表示在5%的统计水平上显著;* 表示在10%的统计水平上显著。

3.3.4 稳健性测试

为验证本章的研究结论,我们进行了稳健性的测试(表略去),具体包括:(1)采用混合数据(Pooled Data)进行了回归分析;(2)增加控制变量,包括是否属于"四大"的哑变量,净资产收益率(ROE)是否属于临界值范围内(如0~1%,以及6%~7%)的两个哑变量;(3)剔除ST公司样本;(4)剔除被出具非标准无保留意见的样本等。稳健性测试的结果与前文的结论基本一致,说明本章的研究结论是较为可靠的。

3.4 小　结

按照"结构—行为—绩效"的结构主义研究范式,审计市场行为会受到审计市场结构的影响,同时又会对审计市场的绩效产生重要的影响。而由于我国审计市场的结构并未真正形成寡头垄断的局面,独立审计市场的竞争依然激烈,压价竞争、低价揽客、恶性竞争的现象依然存在。因此,探寻会计师事务所的合并对审计收费行为的影响,对于更深入地理解中国审计市场结构的变化对审计行为的影响,以更好地对注册会计师行业进行监管,促进注册会计师行业的持续健康发展,具有重要的理论意义和实践价值。

那么,我国新一轮的会计师事务所合并对审计收费行为产生了什么样的影响呢?基于此,以中国2005年以来发生的14起会计师事务所合并案为例,通过大样本的经验数据探讨了会计师事务所的合并对审计收费的影响,并分别大客户市场和小客户市场考察了其对审计收费行为的不同影响。研究发现,总的来看,会计师事务所合并提高了审计收费;在区分大客户市场与小客户市场后发现,在大客户市场上,会计师事务所合并并未对审计收费产生显著的影响,但在小客户市场上,会计师事务所合并后审计收费有了显著提高。进一步的研究发现,之所以在大客户市场上,会计师事务所合并未对审计收费产生显著的影响,是因为在大客户市场上,事务所通过合并提高了审计的生产效率,发挥了规模经济效应;因而,事务所在合并后尽管议价能力有所提升,但由于审计生产效率的提升降低了审计的生产成本,因而无须通过审计收费的提高来获得更高的利润。

本章的研究结果表明,会计师事务所的合并促进了我国会计师事务所的规模扩大,有助于规范事务所的审计收费,减少恶性竞争与低价揽客行为;合并可以通过规模经济的方式提高审计生产效率;合并可以提高事务所的市场竞争力与市场议价能力并减少对客户的经济依赖从而保证审计报告的质量。总的来看,会计师事务所合并促进了事务所规模的外延式扩展,为规范审计市场秩序与行为,更好地发挥独立审计的作用,促进事务所做大做强创造了很好的外部环境。

CHAPTER 4

会计师事务所合并与审计风险控制

防范和控制审计风险,是保证审计质量,维护注册会计师自身利益,促进注册会计师行业健康发展的关键之一,也是会计师事务所能否做大做强的重要决定因素。如果不能很好地在管理理念、企业文化以及执业行为上进行整合,不对内部治理与风险控制进行优化,单凭外延式的合并与扩张,并不能真正地实现做大做强,反而可能因为审计风险失控而毁于一旦,如曾经的中天勤会计师事务所[①]。

那么,我国新一轮合并对会计师事务所的风险控制产生了什么样的影响呢?基于此,本章以中国 2005 年以来发生的 14 起会计师事务所合并案为例,从审计费用视角,运用大样本的经验数据考察了会计师事务所的合并对审计风险控制的影响。

4.1 文献回顾、理论分析与研究假说的提出

审计风险是指被审计单位的财务报告存在重大的错报或漏报,而注册会计师审计后发表不恰当的审计意见的可能性。防范和控制审计风险,是保证审计质量,维护注册会计师自身利益,促进注册会计师行业持续健康发展的关键之一,也是会计师事务所能否做大做强的重要决定因素。

为控制和降低审计风险,注册会计师除了要调整审计程序从而可能增加审计成本外,还需要对高风险的客户收取风险溢价(Simunic,1980)。因此,审计收费能够在一定程度上反映注册会计师对审计风险的态度与控制。国外大量文献对此进行了实证分析并获得了经验数据的支持。由于审计风险的含义广泛,度量存在一定的困难,所以在实证研究中往往以经营风险或法律诉讼风险作为替代。Bell,Landsman 和 Shackelford(2001)考察了审计收费与企业经营风险之间的关系,通过考察某国际会计公司 1989 年的 422

---

① 中天勤会计师事务所是原深圳中华/深圳中天和蛇口中华/天勤两家会计师事务所于 2000 年合并成立的,并成为 2000 年当年国内第一大证券资格会计师事务所(以上市客户数量衡量)。但合并后不久,便由于银广夏案件而被吊销执业资格。

例美国公司审计业务数据发现,审计收费水平与被审计单位的经营风险评估水平显著正相关。Seetharaman,Gu 和 Lynn(2002)考察了诉讼风险与审计收费之间的关系,通过对英国上市公司的检验发现,同时在美国上市的公司向其审计师支付了更高的审计报酬,而同时在美国以外的其他资本市场上市的公司向其审计师支付的报酬与仅在英国本土上市的公司并无显著差异;进一步的研究发现,这可能主要与美国证券市场相对于其他市场的高诉讼风险有关。Venkataraman 等(2008)研究发现,在高诉讼的法律环境下,审计质量和审计收费都会更高,而且没有证据表明审计师会为了获取高报酬而选择与管理层合谋。

从我国的情况来看,由于注册会计师所面临的法律环境的相对宽松,加之我国注册会计师审计市场竞争激烈,关于注册会计师是否真正关注了客户的审计风险,研究文献并未取得一致意见。很多研究发现,我国注册会计师在决定审计收费时并未考虑审计风险因素。如张继勋和徐奕(2005)的研究未发现经营风险对审计收费的影响。郝振平和桂璇(2006)发现,即使是 B 股市场也没有培育出中国注册会计师的风险意识。李明辉和郭梦岚(2010)发现,我国注册会计师在决定审计收费时对风险因素并不十分关注。但也有研究发现,我国的注册会计师在决定审计收费时已在一定程度上考虑了审计风险。如朱小平和余谦(2004)研究发现,客户的审计风险会影响审计收费。江伟和李斌(2007)发现,财务风险因素与审计收费显著相关,但影响程度受到预算软约束的影响。此外,还有众多文献从盈余管理风险(伍利娜,2003)、监管风险(李爽和吴溪,2004;宋衍蘅,2011)、公司治理风险(潘克勤,2008)、法律风险(冯延超和梁莱歆,2010)等审计风险的不同来源与结果等角度考察了审计风险与审计收费之间的关系,但总的来说并未取得完全一致的结论。

综合来看,关于我国独立审计市场上注册会计师是否对审计风险给予了充分关注,以往的文献之所以未取得一致的结论,除了与不同的文献所关注的视角,包括对审计风险的替代变量的选取及数据样本存在差异外,也与我国注册会计师所面临的法律环境、监管环境及我国的独立审计市场结构有关。而随着我国新一轮会计师事务所合并浪潮的展开,我国的独立审计市场的结构开始得到优化。那么,此轮合并改善了会计师事务所的风险控制吗?从理论上来说,此轮合并对会计师事务所的风险控制可能会有以下几个方面的影响:

首先,在会计师事务所大规模合并以前,由于审计市场的激烈竞争,事务所对审计客户仍然存在一定的经济依赖,相对的谈判议价能力较低。因此,尽管事务所对高风险客户需要花费更多的审计成本,也需要承担更高的预期诉讼成本和声誉损失(Simunic,1980;Houston et al.,1999;Houstion et al.,2005),但由于经济依赖的原因,审计风险可能无法在审计收费上得以体现。而随着会计师事务所的合并,事务所的规模扩大,审计市场结构进一步优化,事务所对客户的经济依赖进一步下降,因而可以在审计收费中体现有关风险的因素。对高风险的客户可以收取更高的审计费用,以弥补相应的审计成本增加和预期诉讼成本与声誉损失成本。

其次,与此轮会计师事务所合并相伴随的是我国以风险导向为基础的审计准则的颁布实施。2006年2月,我国颁布了与国际审计准则接轨的、以风险导向为基础的中国注册会计师执业准则体系。新准则要求注册会计师了解被审计单位及其环境,以充分识别和评估财务报告的重大错报风险,并针对评估的重大错报风险设计和实施进一步的审计程序,以将审计风险控制在可接受的水平内。随着风险导向审计准则的颁布和实施,注册会计师在审计时需要更多地考虑被审计单位的重大错报风险,而这将不可避免地增加审计成本并最终反映在审计收费中。而在此之前,无论是出于市场竞争的考虑,还是由于事务所的规模和执业能力所限,很多中小型会计师事务所都未能真正实施风险导向的审计程序,对审计风险的关注与控制不够,在审计收费上也未得到体现。因此,随着本轮会计师事务所的合并,事务所必将更加重视审计风险并在审计收费中加以体现。

再次,在此轮会计师事务所合并过程中,我国注册会计师的法律责任方面在司法实践中也有了重要发展。为了正确审理涉及会计师事务所在审计业务活动中民事侵权赔偿案件,维护社会公共利益和相关当事人的合法权益,廓清以往理论研究和司法实践中存在的争议和模糊认识,在梳理了最高法院以往发布的相关司法解释的基础上,通过总结审判实践并吸纳最新的理论研究成果,最高人民法院于2007年6月颁布了《关于审理涉及会计师事务所在审计业务活动中民事侵权赔偿案件的若干规定》,就我国注册会计师在审计业务活动中的民事责任的定位、归责原则与举证责任以及第三人的范围等问题做了具体规定,从而迎来了我国注册会计师法律责任的最新发展阶段。新的司法解释与理论界的主流观点一致,而且与国外通行的做法也基本符合,有利于更好地保护投资者的利益,规范我国注册会计师的民事责任。但与此同时,新的司法解释也对会计师事务所与注册会计师提出了更高的要求,否则就有可能因为审计风险而导致诉讼损失,而这必然会对会计师事务所的审计收费产生影响。基于以上的分析,我们提出:

研究假说:会计师事务所合并后,会计师事务所更加关注审计风险,风险大的公司会被收取更高的审计费用。

4.2 研究设计

4.2.1 会计师事务所合并案例选取

本章以 2005 年以来发生的会计师事务所合并案作为研究对象,总共 14 起案例(其中某些会计师事务所经历了多次合并,如天健、国富浩华、天健正信等)。这些合并案例按照合并双方规模与资质,包括证券资格的会计师事务所之间的合并、"四大"所合并国内所、证券资格的会计师事务所合并非证券资格的会计师事务所。按照合并的形式包括新设合并与吸收合并。具体的合并对象、合并后的简称以及合并日期如表 4-1 所示。

合并对象	合并后简称	合并日期	合并类型
德勤华永、北京天健	德勤华永	2005-3	吸收合并
北京信永中和、中兴宇	信永中和	2006-10	吸收合并
北京华证、厦门天健华天、北京中洲光华	天健华证中洲（2008 年 7 月改名天健光华）	2007-1	新设合并
中瑞华恒信、岳华	中瑞岳华	2008-1	新设合并
安徽华普、辽宁天健	华普天健	2008-12	新设合并
北京京都、北京天华	京都天华	2008-12	新设合并
大连华连、中准	中准	2008-12	吸收合并
中审、亚太中汇	中审亚太	2009-2	新设合并
安永大华、安永华明	安永华明	2008-11	吸收合并

表4-1 本章选取的会计师事务所合并案

续表

合并对象	合并后简称	合并日期	合并类型
浙江天健东方、开元信德	天健	2009 - 9	吸收合并
信永中和、四川君和	信永中和	2009 - 5	吸收合并
北京立信、广东大华德律	立信大华	2009 - 11	新设合并
天健光华、中和正信	天健正信	2009 - 9	新设合并
北京五联方圆、万隆亚洲	国富浩华	2009 - 9	新设合并

4.2.2 变量的定义

根据现代风险导向的审计理论,审计风险包括财务报表的重大错报风险和检查风险。但在不同的法律环境下,审计风险的表现形式是不同的。在美国等成熟的证券市场上,注册会计师在审计执业中由于欺诈或过失所面临的风险主要来源于法律诉讼,所以审计风险往往体现为诉讼风险。而从我国的情况来看,由于我国注册会计师所面临的法律责任相对较轻,审计失败的风险往往来源于监管部门的处罚,表现为监管风险,而并非诉讼风险。但不管是法律诉讼还是监管风险,都是审计风险的表现形式,而重大错报风险的来源则主要包括被审计单位的财务风险、治理风险、经营风险等。基于此,风险导向的审计准则,要求注册会计师从六个方面了解被审计单位及其环境,以充分识别和评估财务报表的重大错报风险,并针对评估的重大错报风险水平设计和实施进一步的审计程序,以将审计风险控制在可接受的水平。基于此,本章主要以能够体现被审计单位审计风险的来源,反映被审计单位的盈余管理风险、财务风险和治理风险的变量作为审计风险的替代指标。具体来说,反映被审计单位的盈余管理风险的指标包括操控性应计数、ROE 是否处于监管区间和被审计单位的财务风险三个变量。其中,操控性应计数(DA)根据修正的 Jones 模型计算得出。而 ROE 是否处于监管区间由 $ROE1$ 和 $ROE2$ 两个哑变量表示,如果 ROE 处于 0 到 2% 之间则 $ROE1$ 为 1,如果 ROE 处于 6% 到 7% 之间则 $ROE2$ 为 1,否则为 0。关于被审计单位的财务风险,以被审计单位的资产负债率(Lev)和是否亏损的哑变量($Loss$)两个变量表示。反映被审计单位治理风险的变量包括第一大股东持股比例($Top1$)、最终控制人的性质($Controller$)、股权制衡度($CR2\_5$)、领导结构(董事长与总经理是否两职合一,$Leadership$)、管理层持股比例($Mshr$)等五个变量。

4.2.3 模型的设定

为了检验会计师事务所合并对审计风险控制的影响,我们从审计收费视角建立如下模型:

$$LnFee = \beta_0 + \beta_1 Merge + \beta_2 DA + \beta_3 Roe1 + \beta_4 Roe2 + \beta_5 Lev + \beta_6 Loss + \beta_7 Top1 + \beta_8 Top1^2 + \beta_9 Controller + \beta_{10} CR2\_5 + \beta_{11} Leadership + \beta_{12} Mshr + \beta_{13} Mshr^2 + \beta_{14} Size + \beta_{15} Arr + \beta_{16} Invre + \beta_{17} Opinion\_1 + Year + Industry + \delta$$

上述模型中 Ln(Fee) 为应变量,代表审计费用,用审计收费的自然对数表示。Merge 是测试变量,以虚拟变量表示,如果样本为合并后一年度则为 1,如果样本为合并前一年度则为 0。DA、Roe1、Roe2 三个变量反映的被审计单位的盈余管理水平,分别代表操控性应计数(根据修正的 Jones 模型计算得出)以及 ROE 是否处于监管区间(如果 ROE 处于 0 到 2% 之间则 Roe1 为 1,如果 ROE 处于 6% 到 7% 之间则 Roe2 为 1,否则为 0)。Lev 和 Loss 反映公司的财务风险,分别由资产负债率和是否亏损的哑变量(如果被审计单位出现亏损则为 1,否则为 0)表示。Top1、Controller、CR2_5、Leadership、Mshr 都是反映公司治理风险的变量,分别代表第一大股东持股比例、最终控制人的性质(如果最终控制人是国有公司则为 0,否则为 1)、股权制衡度(以第二大股东至第五大股东持股比例和表示)、领导结构(如果董事长与总经理两职合一则为 1,否则为 0)、管理层持股比例。模型的其他变量是控制变量,其中,Size 代表公司的规模,用公司总资产的自然对数表示;Opinion_1 是代表公司上一年度审计意见类型的哑变量,如果公司上一年度被出具非标准的审计意见报告,则为 1,否则为 0;Arr 代表公司的应收账款占总资产的比重;Invr 代表公司存货占总资产的比重。

4.2.4 数据的来源

为检验本章的研究假说,必须保证样本在会计师事务所合并前后没有变更会计师事务所。此外,为了更好地检验合并后的效果,我们以合并后一年(以合并年度为合并的当年度,以年度审计为准,如 2008 年 1 月合并则视 2007 年度为合并当年)被审计单位的相关指标作为审计风险的替代指标。因此,所选择的样本是在合并后一年内未变更会计师事务所的样本,这样符合要求的样本共 636 个。每家公司取事务所合并前一年与合并后一年共两年的观测值,共选取 1 272 个样本,剔除缺失变量后,得到 810 个样本。本研究所使用的财务数据及其他数据来源于 CCER 数据库。

4.3 实证结果与分析

4.3.1 描述性统计

表 4-2 是变量的描述性统计。从表 4-2 的描述性统计结果来看,审计费用的最大值达到了 119 万,但最小值只有 10 万,而且标准差相当大,说明我国上市公司之间的审计费用差异较大,这可能主要与我国上市公司的规模差异有关。此外,无论是反映盈余管理风险的操控性应计数(DA),还是反映公司治理风险的第一大股东持股($Top1$)、股权制衡度($CR2\_5$)以及管理层持股比例($Mshr$)在不同上市公司间都存在较大的差异。

表4-2 描述性统计

变量名	样本数	均值	标准差	最大值	最小值
Fee	810	744 055.480	776 321.267	11 934 000	100 000
DA	810	0.070	0.084 9	1.403	0.001
$Roe1$	810	0.100	0.297	1	0
$Roe2$	810	0.060	0.243	1	0
Lev	810	0.482	0.188	0.993	0
$Loss$	810	0.080	0.272	1	0
$Top1$	810	0.376	0.154	0.852	0.045
$Controller$	810	0.350	0.477	1	0
$CR2\_5$	810	0.149	0.117	0.518	0.006
$Leadership$	810	0.020	0.155	1	0
$Mshr$	810	0.785	0.527	0.411	0
$Size$	810	21.747	1.132	26.027	18.783
Arr	810	0.088	0.083	0.606	0.002
$Invr$	810	0.169	0.131	0.771	0.004
$Opinion\_1$	810	0.030	0.163	1	0

4.3.2 审计费用视角的会计师事务所合并对审计风险控制的影响

为考察会计师事务所合并前后对审计风险控制的影响,我们从审计费用视角进行了多元回归分析。我们将样本分为合并前子样本和合并后子样本,然后分别考察合并前后反映审计风险的变量与审计费用的关系,结果如表4-3所示。从表4-3的结果可以发现,反映盈余管理的三个变量操控性应计数(DA),以及ROE是否属于监管区间($ROE1$和$ROE2$)在会计师事务所合并前与因变量审计收费都不显著相关,但在会计师事务所合并后都与审计收费正相关,系数分别为0.077、0.095和0.068,且分别在5%和10%的统计上显著,表明会计师事务所在合并后更加重视被审计单位的盈余管理风险,并且在审计收费上得以体现。从反映财务风险的两个变量即资产负债率(Lev)和是否亏损的哑变量($Loss$)来看,无论是在会计师事务所合并前还是合并后都与审计费用正相关,但是在统计水平上不显著。从反映公司治理风险的变量来看,在会计师事务所合并前,只有最终控制人的性质($Controller$)与审计费用显著正相关,表明事务所对最终控制人为非国有的公司收取了更高的审计费用。但在会计师事务所合并后,第一大股东持股比例($Top1$)与审计费用显著正相关,第一大股东持股比例的平方($Top1^2$)与审计费用显著负相关,说明审计费用与第一大股东持股比例之间呈倒U型的关系。之所以有这个结果,是因为很多文献都研究发现第一大股东持股比例与大股东的代理成本即治理风险呈倒U型关系。另外,股权制衡度($CR2\_5$,第二大股东至第五大股东持股比例和)与审计收费显著负相关,因为股权制衡度越高,公司的治理风险越低。此外,管理层持股比例($Mshr$)的平方也与审计费用显著负相关,表明管理层持股比例也对审计费用有弱的影响作用。综合来看,尽管反映财务风险的变量无论是合并前后都与审计费用不相关,但反映盈余管理风险的三个变量以及反映公司治理风险的几个变量在会计师事务所合并后都对审计费用产生了显著的影响,这就证实了本章的研究假说,即本轮合并在一定程度上提高了会计师事务所的风险控制。从控制变量来看,无论是会计师事务所合并前还是合并后,只有被审计单位的规模($Size$)与审计费用显著正相关,而应收账款占总资产的比重(Arr)、存货占总资产的比重($Invr$)以及上一年度的审计意见($Opinion\_1$)都与审计费用正相关,但在统计水平上不显著,这可能主要与本章的研究样本较小有关。

表4-3 审计费用视角的会计师事务所合并对审计风险影响的多元回归分析结果(因变量是审计费用)

变量	总样本	合并前样本	合并后样本
Constant	4.589*** (12.078)	4.452*** (8.202)	4.611*** (8.264)
DA	0.055*** (2.049)	0.028 (0.739)	0.077** (1.967)
$Roe1$	0.057** (2.162)	0.011 (0.282)	0.095** (2.500)
$Roe2$	0.059** (2.279)	0.048 (1.310)	0.068* (1.806)
Lev	0.036 (1.156)	0.050 (1.137)	0.026 (0.571)
$Loss$	0.007 (0.264)	0.030 (0.778)	0.043 (1.061)
$Top1$	0.226* (1.867)	0.213 (1.189)	0.290* (1.698)
$Top12$	−0.260** (−2.129)	0.109 (−1.150)	−0.358** (−2.069)
$Controller$	0.078*** (2.781)	0.109*** (2.643)	0.056 (1.391)
$CR2\_5$	0.027 (0.926)	0.001 (0.018)	−0.239* (1.909)
$Leadership$	−0.010 (0.508)	−0.030 (0.092)	−0.035 (0.796)
$Mshr$	−0.071 (−0.321)	0.016 (−0.313)	−0.123 (−0.674)
$Mshr2$	0.013** (2.458)	0.003 (0.172)	0.030** (2.398)
$Size$	0.721*** (22.728)	0.729*** (16.037)	0.715*** (15.480)
Arr	0.009 (0.318)	0.031 (0.783)	0.007 (0.171)

续表

变量	总样本	合并前样本	合并后样本
$Invr$	0.030 (1.077)	0.028 (0.718)	0.029 (0.719)
$Opinion\_1$	0.003 (0.132)	0.012 (0.313)	0.019 (0.492)
$Year$	控制	控制	控制
$Industry$	控制	控制	控制
$Adjusted\ R\ Square$	0.470	0.452	0.465
$D-W$	1.825	1.871	1.877
F	45.822***	22.531***	22.154***
N	810		

注:括号内是 T 值。*** 表示在1%的统计水平上显著;** 表示在5%的统计水平上显著;* 表示在10%的统计水平上显著。

4.3.3 稳健性检验

为验证本章结论的稳健性,我们还进行了稳健性检验(表略去),包括:(1)采用不分行业的 Jones 操控性应计模型计算出 DA 作为盈余管理的替代变量;(2)以合并当年与合并后一年的相关测试变量的平均值作为测试变量的替代指标;(3)改变其他控制变量的衡量方法,如以 ROA 作为公司盈利的衡量指标等。稳健性检验的结论与表3的回归结果基本一致,表明本章的研究结论是稳健的。

4.4 小　　结

　　防范和控制审计风险,是保证审计质量,维护注册会计师自身利益,促进注册会计师行业健康发展的关键之一,也是会计师事务所能否做大做强的重要决定因素。如果不能很好地在管理理念、企业文化以及执业行为上进行整合,不对内部治理与风险控制进行优化,单凭外延式的合并与扩张,并不能真正地实现做大做强,反而可能因为审计风险失控而毁于一旦。那么,我国这一轮合并对会计师事务所的风险控制产生了什么样的影响呢?基于此,本章以中国 2005 年以来发生的 14 起会计师事务所合并案为例,以上市公司作为研究样本,从审计风险视角,运用大样本的经验数据考察了会计师事务所的合并对审计风险控制的影响。研究发现,会计师事务所合并后,针对审计风险高的客户,会计师事务所收取了更高的审计费用。研究结果表明,本轮会计师事务所的合并有效地提高了事务所的风险控制意识和控制能力。

　　本章的研究结果表明,尽管我国的会计师事务所合并并不是完全的市场行为,而带有政府推动的背景,但客观上合并有助于会计师事务所的风险控制,对于保证审计质量,维护注册会计师自身利益,促进注册会计师行业持续健康发展具有积极意义。但是从本章的研究结果也可以发现,尽管合并提高了会计师事务所的整体风险意识,但距离现代风险导向审计的要求以及国外的审计实践还有一定距离,还需要事务所在执业过程中继续强化风险管控,增强风险意识,从而真正将审计风险控制在可接受的水平。

CHAPTER 5

会计师事务所合并与审计生产效率

会计师事务所通过合并可以扩大规模,实现做大的目标。但与此同时,如果会计师事务所在合并后不能很好地在管理理念、企业文化、质量控制以及执业行为上进行整合,实现其内部运作成本的最低化,提高审计的生产效率,就不可能真正提高市场竞争力,从而实现做强的目标。因此,考察会计师事务所的合并对事务所审计生产效率的影响,就成为判断会计师事务所合并是否达到预期目标的一个重要内容。

由于会计师事务所相关执业数据的较难获得性,关于会计师事务所审计生产效率的研究一直是理论界与实务界所面临的一个难点问题,也是审计研究中一个"黑箱"问题。基于此,本章以中国2005年以来发生的14起会计师事务所合并案为例,运用"黑箱"理论的相关研究方法,利用公开获取的各种信息,采用数据包络分析方法(DEA)评估了我国会计师事务所的审计生产效率,探讨了会计师事务所的合并对审计生产效率的影响,并分别吸收合并和新设合并两种不同的合并类型分析了其对审计生产效率的不同影响,以期考察我国会计师事务所合并的效果。

5.1 文献回顾、理论分析与研究假说的提出

审计生产效率是指在一定的审计资源投入下,会计师事务所能否提供更多、更优的服务产出,从而通过高质量的审计服务满足会计信息使用者的需求。那么,会计师事务所合并提高了审计生产效率吗?从理论上说,合并使事务所的规模迅速增大,而这种规模的增大有益于事务所审计生产效率的提高,具体体现在以下方面:(1) 合并可以降低会计师事务所的单位投入的固定成本,包括一般的固定成本投入和特殊的固定成本投入如研发投入等,实现规模经济效应,提高审计生产效率。事务所合并后,通常会发生客户转换和事务所客户规模的变化。一般表现为,合并的事务所在一段时间内可能遭遇转换高峰,但随后客户的转换频率会开始下降,而客户的数量则会显著增长。事务所客户的增加有助于摊薄固定成本,降低单位投入的一

般固定成本即生产成本,长期成本曲线向下倾斜,盈利能力提高。如 DT、EY 合并前审计每亿元资产需要投入的专业人员数量为 8.33,而合并后的 1996 年这一数据降为 5.00,下降了 40%,而同期其他四家大型会计师事务所的每亿元资产投入的专业人员数量分别为 8.43 和 6.38,仅下降了 24%。另外,随着事务所规模的扩大和客户的增加,还可以降低一些特殊的固定成本投入如研发投入等,因为业务量越大,研发所需的固定成本可以分摊到众多的项目中,从而有效地摊薄了单位产品或服务所占用的研发成本。(2) 合并使会计师事务所规模扩大,事务所进行技术开发和创新的能力和动力更强,事务所所能提供的服务产出(包括附加值更高的非审计服务如管理咨询服务)会更多,可以产生范围经济效应,从而提高事务所的产出效率。另外,随着事务所规模的扩大和规模经济效应的显现,事务所的日常审计作业所需的劳动力成本减少,也为事务所经营更多附加值更高的其他非审计服务如管理咨询服务提供了人力资源的保证。通过提供这类附加值更高的其他非审计服务如管理咨询服务可以使事务所获取更丰厚的利润,从而实现服务产出的有效增长。(3) 合并可以提升会计师事务所的行业专家才能,而产业专用化和行业专家才能的提升将增加事务所在该行业的市场份额。而增加的市场份额又可以使事务所获取成本优势并提高审计服务的价值,从而提高审计的生产效率。成本优势主要体现在,通过产业专业化投资,可以发展和积累某一行业的专门知识,创造针对特定行业的结构性审计程序,帮助审计师发现该行业所特有的审计问题。而这又有助于提供高质量的审计服务,提高客户财务报告的可信度和价值,提高审计服务的产出价值,从而提高审计生产效率。此外,行业专业化程度的提高可以使审计师的行业知识培训成本分摊到更多客户身上,降低了每一客户承担的审计师行业培训成本。(4) 合并可以扩大会计师事务所的规模,提高其风险承受能力,有助于构筑资本雄厚、信用级别高、赔付能力强的良好市场形象,提高其声誉价值,从而获得更高的溢价收入。

尽管从理论上说,会计师事务所合并可以提高审计生产效率,但在实践中,如果事务所合并后不能有效地实现整合,特别是人力资源的整合,包括管理层的调整以及股权激励机制的建立等,实现"人合";另外,如果合并后忽视技术开发和产品创新,而只是对原有事务所的业务进行简单加总,就无法真正有效地提高事务所的生产效率。因此,围绕着这一问题,国内外相关文献通过经验研究的方法进行了考察。Doogar 等(1998)研究发现,会计师事务所合并后随着杠杆率(从业人数/合伙人人数)的提高,事务所的市场份额会提高,而且每个合伙人的获利数也显著增加。Ivancevich 和 Zardkoohi(2000)发现,"八大"合并为"六大"后,参与合并的事务所的市场份额较其直接对手略有下降,但参与合并的事务所的成本较之其直接对手也有所降低。Baskerville 和 Hay(2006)对新西兰的会计师事务所合并进行研究后发现合并显著降低了审计成本。但也有研究发现,会计师事务所的合并并未提高审计生产效率,如黄兰贵(2002)针对台湾地区会计师事务所合并案的研究发现,合并对会计师事务所技术效率的影响仅限于合并当年。综合来看,关于合并对会计师事务所审计生产效率的影响并未取得一致的结论,而国内关于这一问题的研究则更少。基于此,本章拟对这一问题进行探讨。

就我国独立审计的市场结构来说,寡头垄断的局面在我国独立审计市场上并未形成。国际"四大"会计师事务所(中国)的营业收入在我国会计师事务所营业收入的排名尽管位居前四,但是,无论是按照客户资产所占比重还是审计收入来计算,"四大"在我国证券审计市场的份额都未超过50%,相对于市场份额超过80%的美国以及其他市场份额更高的国家要低得多,而内资会计师事务所的市场占有率更低。而且,从绝对数来看,我国的会计师事务所超过6 000家,具有证券资格的会计师事务所也拥有40多家(截至目前),独立审计市场的集中度不高。因此,事务所的合并特别是国内会计师事务所之间的合并有助于事务所规模的扩大,实现规模经济,降低审计生产成本,提高生产效率。此外,在我国会计师事务所的服务产品结构中,审计服务所占的收入仍然较高,而其他非审计服务如管理咨询服务、税务服务所占的比重非常低。通过合并扩大事务所的规模,也为国内会计师事务所加强技术开发和创新,从而提供更多其他具有更高附加值的非审计服务提供了更多的机会,而这有助于范围经济效应的发挥,提高事务所的产出效率。最后,我国会计师事务所的行业专业化才能还未得到充分发展,通过合并扩大会计师事务所规模和客户数量,也为事务所向行业专业化发展提供了空间。基于以上分析,我们提出研究假说1:

研究假说1:会计师事务所合并能显著提高审计生产效率。

我国的会计师事务所合并有不同的类型,如按照合并双方规模与资质分类,可以分为证券资格的会计师事务所之间的合并、"四大"所合并国内所、证券资格的会计师事务所合并非证券资格的会计师事务所、非证券资格的会计师事务所之间的合并等。按照合并的形式分类,可以分为新设合并与吸收合并。应该说,不同类型的会计师事务所合并会对审计生产效率产生不同的影响,从合并的形式来看,由于新设合并会在人员、品牌、质量控制、财务制度、人力资源管理和信息技术等方面有一个较长时间的整合过程;而吸收合并由于在合并过程中存在一个占据主导和积极角色的大型会计师事务所,合并后的事务所在人员、品牌、质量控制等方面也主要依据其在合并前的相关制度进行整合,因此更容易将吸收进来的会计师事务所纳入其管理的相应轨道,因此,更有利于合并后的事务所审计生产效率的提高。基于此,我们提出研究假说2:

研究假说2:相对于新设合并,吸收合并能更显著地提高审计生产效率。

5.2 研究设计

5.2.1 会计师事务所合并案例选取

本章选取的会计师事务所合并案例同第4章表4-1一致。

5.2.2 审计生产效率的衡量与评价

本章借鉴相关的国内外文献,运用 DEA 方法来衡量上市公司的审计生产效率。DEA 方法是1978年由 Charnes, Cooper 和 Rhodes 提出的,又被称为数据包络分析(Data Envelopment Analysis,简称 DEA)方法。该方法主要根据多指标投入(输入)和多指标产出(输出),对同类型的部门或单位(称为决策单元 DUM)进行相对有效性评价,为每一个决策单元估计出一个效率参数值 θ,θ 的取值范围介于0与1之间,当 θ 等于1时,DUM 的生产效率最高,反之 θ 偏离1的程度越大,则表示 DUM 的生产效率越低。相对于其他生产效率评价方法如 SFE 等,DEA 评价方法属于非参数的方法,其不需要明确决策单元的生产函数、各指标间的可比性和各指标间的权重,同时还可以提供信息以找出低效率的环节。根据 Jeong-Bon Kim 等人的研究发现,DEA 方法能很好地衡量审计的生产效率。在 DEA 方法对决策单元(DUM)的相对效率进行评价时,可以运用的模型也很多,如 CCR 模型、BCC 模型、CCGSS 模型等,其中 BCC 模型假设生产规模报酬是变化的,而在审计生产中,不能假设规模报酬是不变的,因此我们选取 BCC 模型评价审计的生产效率。

运用 DEA 评价方法评估事务所的审计生产效率,关键是确定审计投入和审计产出。审计的投入包括审计活动中投入的一切资源,包括人力资源(时间资源)、其他物质资源的投入等。为此,借鉴国内外的相关文献(Dopuch, Gupta 和 Simunic, 2003; Schelleman 和 Maijoor, 2001; Jeong – Bon Kim, Simunic 和 Stein, 2006; 曹强、陈汉文和胡南薇, 2008),以审计成本(以审计费用作为替代指标)作为审计生产的投入。关于审计的产出,比较难以界定,Dopuch 等(2003)、Jeong-Kim 等(2006)以与审计投入相关的公司特征作为审计产出,因为在一定的审计质量下,审计生产的投入只与公司特征有关,所以可以将有关的公司特征作为审计产出的替代指标。为此,我们首先构建如下模型,并找出与审计投入相关的公司特征作为审计产出的替代指标:

$$Ln(C) = \beta_0 + \beta_1 Size + \beta_2 Lev + \beta_3 Roa + \beta_4 Arr + \beta_5 Inver + \beta_6 Loss + \varepsilon \quad (1)$$

模型(1)中,$ln(C)$ 代表审计成本,由于审计成本的数据无法直接获取,用审计费用的自然对数替代; $Size$ 代表客户公司的规模,用客户年末总资产的自然对数表示; Lev 表示客户的负债情况,用客户公司年末的资产负债率表示; Roa 表示客户公司的盈利情况,用客户公司的年总资产收益率表示; Arr 表示客户年末应收账款占总资产的比重; $Invr$ 表示客户年末存货占总资产的比重。Arr 和 $Invr$ 两个指标主要用来反映客户的业务复杂程度,而 Lev 和 Roa 用来计量客户的风险。

5.2.3 模型的设定

在利用模型(1)确定了影响审计产出的公司特征变量,然后通过将审计投入和审计产出纳入 DEA 方法的 BCC 模型,计算出反映审计生产效率的 θ 后,就可以对本章的假说即会计师事务所合并对审计生产效率的影响进行回归分析,具体的模型如下:

$$\theta = \beta_0 + \beta_1 Merger + \beta_2 Size + \beta_3 Lev + \beta_4 Roa + \beta_5 Arr + \beta_6 Inver + \beta_7 Loss + \beta_8 Opinion + \varepsilon \quad (2)$$

模型(2)中 θ 为应变量,反映审计的生产效率。$Merge$ 是测试变量,以虚拟变量表示,如果样本为合并后(以合并年度作为合并当年)一年度则为1,

如果样本为合并前一年度则为 0，预期其系数为正，表示合并后的审计生产效率提高。模型(2)中的其他变量是影响 θ 的控制变量，其中，*Size* 代表公司的规模，用公司总资产的自然对数表示；*Lev* 代表客户的负债情况，用公司的资产负债率表示；*Roa* 表示客户公司盈利情况，用总资产收益率表示；*Arr* 表示客户年末应收账款占总资产的比重；*Invr* 表示客户年末存货占总资产的比重；*Loss* 是代表公司是否亏损的哑变量，如果公司本年度发生亏损则为 1，否则为 0；*Opinion* 是代表审计意见的哑变量，如是非标准的审计意见则为 1，否则为 0。

5.2.4　数据来源

为检验本章的研究假说，必须保证样本在会计师事务所合并前后没有变更会计师事务所，此外，为了更好地检验合并后的效果，我们以合并后一年度(以合并年度为合并的当年度，以年度审计为准，如 2008 年 1 月合并则视 2007 年度为合并当年)被审单位的审计生产效率作为合并后审计生产效率的替代指标，因此，所选择的样本是在合并后一年内未变更会计师事务所的样本，这样符合要求的样本共 499 个。每家公司取事务所合并前一年与合并后一年共两年的观测值，共选取 998 个样本。本研究所使用的财务数据及其他数据来源于 CCER 数据库。

5.3　实证结果与分析

5.3.1　审计生产效率的评估结果

首先，我们利用本章的模型(1)进行回归分析(回归结果略去)，发现影响成本的主要因素包括 *Size*，*Lev* 和 *Loss*。在此基础上，以这三个变量作为审计产出的替代变量，以 $Ln(C)$ 作为审计投入，运用 DEA 分析软件的 BCC 模型估计出样本公司在会计师事务所合并前后的审计生产效率，结果见表 5-1 所示。从表 5-1 可以发现，作为合并样本的会计师事务所在合并前的平均审计生产效率是 78.6%，在合并后的平均审计生产效率是 82.3%，与其他研究的结果基本类似，但总的来说，我国会计师事务所的审计生产效率仍然有很大的提升空间（最高值为 1）。

表 5-1 会计师事务所合并前后的审计生产效率

	均值	标准差	最大值	最小值
总的合并前	0.786	0.054	0.995	0.669
总的合并后	0.823	0.052	1	0.711

5.3.2 描述性统计与分组检验

在对会计师事务所合并前后的审计生产效率进行估计的基础上，表 5-2 对会计师事务所合并前后的相关指标进行了分组检验。从表 5-2 的分组检验结果来看，会计师事务所合并后的审计生产效率无论是均值还是中位数都有显著的提高，这就初步证实了本章的研究假说 1。另外，从控制变量看，除了合并前后客户的规模有所提高外，其他指标无显著的差异。

表 5-2 会计师事务所合并前后相关指标的分组检验

	均值			中位数		
	合并前	合并后	T 检验	合并前	合并后	卡方检验
θ	0.786	0.823	−11.012***	0.775	0.819	−12.104***
$Size$	21.503	21.856	−4.770***	21.396	21.667	−4.442***
Lev	0.468	0.482	−1.163	0.471	0.483	−0.968
Roa	0.046	0.049	−0.807	0.037	0.041	−1.940*
Arr	0.089	0.087	0.400	0.069	0.063	−1.270
$Invr$	0.179	0.176	0.417	0.147	0.142	−0.789
$Loss$	0.09	0.06	1.644	0	0	−1.642
$Opinion$	0.03	0.03	−0.324	0	0	−0.324

注：*** 表示在 1% 的统计水平上显著；** 表示在 5% 的统计水平上显著；* 表示在 10% 的统计水平上显著。

5.3.3 相关性分析

表5-3是会计师事务所合并对审计生产效率影响的单变量相关性分析。表5-3的结果显示,会计师事务所合并与审计生产效率显著正相关,即合并后的审计生产效率显著提高,与研究假说1相符。此外,审计生产效率还与公司的规模($Size$)、负债比例(Lev)、存货占总资产的比重($Invr$)、亏损状况($Loss$)显著正相关,与公司的盈利情况(Roa)显著负相关,这些结果与其他文献的研究结论基本一致(Jeong-Bon Kim etc,2006)。

表5-3 会计师事务所合并对审计生产效率影响的相关性分析

	θ	Merge	Size	Lev	Roa	Arr	Invr	Loss
Merge	0.384***							
Size	0.178***	0.141***						
Lev	0.284***	0.031	0.392***					
Roa	-0.312***	0.061*	0.057*	-0.414***				
Arr	-0.024	-0.040	-0.281***	-0.001	-0.040			
Invr	0.081**	-0.025	0.041	0.254***	-0.053*	0.111***		
Loss	0.447***	-0.052	-0.174***	0.141***	-0.462***	0.036	-0.008	
Opinion	0.048	0.010	-0.123***	0.106***	-0.127***	-0.026	-0.079**	0.178***

注:*** 表示在1%的统计水平上显著;** 表示在5%的统计水平上显著;* 表示在10%的统计水平上显著。

5.3.4 事务所合并对审计生产效率影响的多元回归结果及分析

在就会计师事务所合并对审计生产效率的影响进行单变量的相关性分析及分组检验的基础上,为控制其他因素的影响,本章还就会计师事务所合并对审计生产效率的影响进行了固定效应模型的多元回归分析,结果如表5-5所示。从表5-5的第2列可以发现,在控制了其他因素的影响后,反映会计师事务所合并的变量($Merge$)的系数为0.038,且在1%的统计水平上显著,这就证实了本章的研究假说1,表明我国新一轮会计师事务所合并显著提高了事务所的审计生产效率。从控制变量的结果看,客户的规模($Size$)、反映亏损状况的哑变量($Loss$)以及审计意见的类型($Opinion$)与审计生产效率呈显著的正相关关系,与本章的预期一致;而其他变量与审计生产效率无稳定且显著的相关关系。在对研究假说 1 进行回归分析的基础上,表 5-4 还就吸收合并与新设合并两种合并类型分别考察了会计师事务所合并对审计生产效率的影响。从表 5-4 的第 3 列与第 4 列的回归结果看,无论是吸收合并还是新设合并都显著提高了审计的生产效率,但新设合并的影响系数为 0.041,比吸收合并的影响系数 0.035 大,这与本章的研究假说 2 不符且方向相反。出现这种结果的原因可能是,在吸收合并中往往存在一个占据主导和积极角色的大型会计师事务所,合并后的事务所在人员、质量控制等方面主要依据大型会计师事务所合并前的相关制度进行整合,因此,审计服务的产出过程并无显著的变化,因此,相对于新设合并,审计生产效率的提升有限。而与之相反,新设合并无论是质量控制、财务制度还是人力资源管理都有一个新的整合,而这种新的整合往往会导致审计服务的生产流程得到优化,从而使审计的生产效率得到较大提升。

表5-4 会计师事务所合并对审计生产效率影响的多元回归分析

变量	假说1的检验	假说2的检验	
		吸收合并	新设合并
Constant	0.522*** (8.22)	0.635*** (5.52)	0.426*** (5.51)
Merge	0.038*** (23.46)	0.035*** (12.81)	0.041*** (20.46)
Size	0.013*** (4.43)	0.008 (1.52)	0.0176*** (4.81)
Lev	0.011 (0.86)	−0.004 (−0.19)	0.025 (1.75)
Roa	0.016 (0.75)	−0.013 (−0.39)	0.043 (1.42)
Arr	−0.042 (−1.55)	−0.014 (−0.31)	−0.063* (−1.78)
Invr	0.001 (0.07)	−0.033 (−1.04)	0.016 (0.75)
Loss	0.126*** (28.07)	0.124*** (18.81)	0.129*** (20.66)

续表

变量	假说1的检验	假说2的检验	
		吸收合并	新设合并
Opinion	0.020* (1.72)	0.045 (1.43)	0.017 (1.50)
Fixed Effect	有	有	有
Adjusted R Square	0.518	0.494	0.513
F	234.20***	105.87***	131.81***
N	998	440	558

注:括号内是 T 值。*** 表示在1%的统计水平上显著;** 表示在5%的统计水平上显著;* 表示在10%的统计水平上显著。

5.3.5 稳健性检验

为验证本章结论的稳健性,我们还进行了稳健性检验,结果如表5-5所示。在表5-5的稳健性检验中,我们以DEA分析中的纯技术效率与规模效率作为审计生产效率的替代变量,就会计师事务所合并对审计生产效率的影响进行了多元回归分析,结果显示,无论是纯技术效率,还是规模效率,会计师事务所合并都与其呈显著的正相关关系,即会计师事务所合并后显著提高了审计的生产效率。当然,从表5-6的结果也可以发现,会计师事务所合并对审计生产效率的影响主要还是体现在规模效率的提升上,而对于纯技术效率的影响则相对较小。

表5-5 会计师事务所合并对审计生产效率影响的稳健性检验

变量	假说1	
	纯技术效率	规模效率
Constant	0.983*** (6.71)	0.991*** (7.22)
Merge	0.009** (2.36)	0.029*** (8.48)
Size	-0.004 (-0.60)	-0.004 (-0.66)
Lev	-0.025 (-0.90)	0.053** (1.99)

续表

变量	假说1	
	纯技术效率	规模效率
Roa	-0.037 (-0.75)	0.053 (1.12)
Loss	0.022** (2.12)	0.010 (1.06)
Arr	-0.037 (-0.58)	0.045 (0.76)
Invr	-0.014 (-0.34)	0.052 (1.33)
Opinion	-0.003 (-0.13)	0.047* (1.93)
Fixed Effect	有	有
Adjusted R Square	0.028	0.135
F	2.87***	15.43***
N	998	998

注：括号内是 T 值。*** 表示在1%的统计水平上显著；** 表示在5%的统计水平上显著；* 表示在10%的统计水平上显著。

5.4 小　结

合并之所以能实现会计师事务所的"做大做强"，其中一个重要原因就是通过合并，可以使会计师事务所实现规模化经营，使单位内部运作成本实现最低化，提高审计的生产效率。那么，我国新一轮会计师事务所合并浪潮是否真正提高了事务所的审计生产效率，从而推动事务所做强目标实现了呢？基于此，本章以2005年以来发生的14起具有代表性的会计师事务所合并案为例，运用大样本的经验研究方法，通过运用"黑箱"理论的相关研究方法，利用公开获取的各种信息，采用数据包络分析方法（DEA）评估了我国会计师事务所的审计生产效率，考察了会计师事务所的合并对审计生产效率的影响，并分别新设合并与吸收合并两种合并类型考察了其对审计生产效率的不同影响。研究结果发现，会计师事务所合并后，审计生产效率有了显著的提高。此外，从会计师事务所合并的类型来看，相对于吸收合并，新设合并更显著地提高了审计生产效率。

  本章的研究结果暗示，尽管我国的会计师事务所合并并不是完全的市场行为，而带有政府推动的背景，但客观上会计师事务所的合并有助于审计生产效率的提高，对于促进我国会计师事务所的做大做强，提高会计师事务所的竞争力，更好地发挥独立审计的作用具有重要意义。当然，也要看到，尽管通过会计师事务所的合并，使我国国内的会计师事务所规模得到了大幅度扩展，审计生产效率得到显著提高，但与国际"四大"会计师事务所相比，还有较大的差距，审计生产效率还有较大的提升空间。此外，合并对审计生产效率的提升主要还是体现在规模效率上，而纯技术效率的提升则可能更多地与内部治理有关，因此，除了通过合并实现事务所外延式发展外，还需要内部治理的强化包括组织形式的变革实现事务所的内涵式发展，从而真正实现会计师事务所的做大做强。当然，限于数据的可得性，本章在运用DEA方法对审计生产效率进行衡量时，关于审计投入和产出指标的选择有一定的限制，能否有效地衡量审计生产效率还值得探讨，本课题也将在后续的研究中对这一问题进行考察。

CHAPTER 6

会计师事务所合并与审计质量

第 3 章至第 5 章分别从审计收费、风险控制和审计生产效率三个角度实证考察了会计师事务所合并对审计市场的竞争行为的影响。根据产业组织形式理论的"结构主义"研究范式,审计市场的结构会影响审计行为,进而影响审计市场的绩效。本章将通过实证研究的方法直接考察我国会计师事务所的合并对审计市场绩效(以审计质量作为替代指标)的影响。

通过合并实现规模化经营,以促进会计师事务所的"做大做强",是国外大型会计师事务所包括"四大"会计师事务所的重要发展路径,也是近年来我国政府主管部门在注册会计师行业力推的重要举措。会计师事务所通过合并实现规模化发展,有助于事务所提高风险抵御能力、提高审计质量、降低审计成本,此外还会对审计市场的生态与市场结构产生重要影响。但与此同时,如果会计师事务所合并后在事务所的文化建设、管理理念、质量控制和执业行为上不能进行有效的整合,也可能导致合并后的会计师事务所出现质量控制下降现象,进而影响到审计质量,并产生其他的经济后果。

本章通过将 2005 年以来我国发生的 14 起会计师事务所的合并案作为研究对象,以会计稳健性和操控性应计数作为审计质量的衡量指标,运用大样本的经验数据探讨了会计师事务所的合并对审计质量的影响,并分别不同的事务所合并类型考察了其对审计质量的不同影响。

6.1 文献回顾、理论分析与研究假说的提出

根据 DeAnglo(1981)的定义,审计质量是审计师发现被审计单位会计违规行为并报告这种违规行为的联合概率,前者主要和注册会计师的专业能力有关,后者则受到注册会计师独立性的影响。那么,会计师事务所的合并有助于审计质量的提高吗? 从理论上说,合并可以实现事务所规模的扩大,而这有助于审计质量的提高。具体原因可能包括:(1) 合并使会计师事务所的规模扩大,从业人员、资产规模、业务收入都将实现增加,可以减少会计师事务所对于客户的经济依赖,从而提高其独立性。一般来说,事务所的规模越大,对客户的经济依赖越低,审计独立性越强。(2) 合并可以使会计师事

务所的市场议价能力得到进一步提升,有助于提高事务所的审计收费,减少低价揽客行为的发生,为审计质量的提高提供了保证。(3)合并可以使会计师事务所抵御诉讼风险的能力进一步提升,为会计师事务所保持审计独立性和提高审计质量提供了基础。由于注册会计师行业的特殊性,加之集团诉讼和辩方举证等诉讼制度的存在以及诉讼对象的广泛性等原因,注册会计师面临着严苛的法律责任。在这种严格的责任体制下,事务所的规模越大,其抵御诉讼风险的能力就越强,保持审计独立性和审计质量的基础就越牢固,而通过合并扩大规模,为事务所抵御诉讼风险和保持审计独立性提供了很好的机会。(4)合并可以提升会计师事务所的行业专家才能,从而提高事务所的专业胜任能力和审计质量。合并可以使会计师事务所的市场份额进一步提高,涉足的审计市场范围进一步扩大,同时规模和人员的增加为事务所成为行业专家提供了更大的机会,也为事务所提高审计质量提供了一条有效的路径。(5)会计师事务所的合并可以产生规模协同和财务协同效应,提高审计生产效率,降低审计成本,为保证和提高审计质量奠定了基础。

会计师事务所的合并尽管在理论上有助于审计质量的提高,但在实践中,由于不同国家的审计市场结构不同、合并的类型及原因存在差异、相关的法律制度也存在差异等原因,事务所合并对审计质量的影响成为一个经验问题。围绕着这一问题,国内外相关文献进行了考察。GAO(2003a)通过对现有有关审计质量的文献回顾后发现,现有的研究很少有经验证据支持事务所合并与审计质量提高之间的联系。GAO(2003b)在对159位大型公众公司的人员调查后发现,多数被访者都认为事务所合并对审计质量仅有很少影响甚至没有影响。而有关台湾地区的研究则发现事务所合并提高了审计质量。如王泰昌等(2008)通过对2000年属于"五大"的致远会计师事务所(即安永)与属于非"五大"的荣聪联合会计师事务所合并案的分析发现,两家事务所合并后,客户的操控性应计数有所降低,因此,合并提升了审计质量。林宗辉和戚务君(2007)关于勤业会计师事务所与众信联合会计师事务所合并案的分析同样证实了这一点。从国内的研究来看,Chan 和 Wu(2009)的研究认为,不同类型的会计师事务所合并会对审计质量产生不同的影响,可以提高累计在险准租的合并会提高以非标意见频率度量的审计质量,而另一类无法提高累计在险准租的合并则对审计质量无显著影响。曾亚敏和张俊生(2010)通过考察2006年以来的8起会计师事务所合并案发现,被审计单位的可操控性应计数(DA)在会计师事务所合并后显著下降,同时盈余信息的含量在事务所合并后有显著提高,研究结果表明事务所的合并对审计质量有显著的提高,但其所用的样本仅包括合并前一年与合并当年的数据。李明辉(2011)考察了2005年北京天健与德勤华永的合并案、深圳信德和深圳天健的合并案,以及2008年中岳华与瑞华恒信的合并案,发现事务所合并没有显著提高事务所的审计质量。来的来看,关于会计师事务所的合并对审计质量究竟有什么样的影响,以往的文献并未取得完全一致的结论。因此,本章继续就这一问题进行分析与考察。

就我国的审计市场结构来说,尽管我国会计师事务所营业收入的前四名由"四大"(中国)占据,但是,无论是根据审计客户资产所占的比重,还是事务所审计收入所占的比重,在我国证券审计市场上,"四大"所占的比重都低于50%,相对于美国以及其他国家超过80%的市场份额要低得多,寡头垄断的审计市场结构在我国审计市场上并未形成。此外,从绝对数量来看,我国会计师事务所的数量超过6 000家,而具有证券资格(截至目前)的会计师事务所也超过40家。因此,审计市场的竞争还很激烈,恶性竞争、低价揽客行为也时有发生。而事务所的合并有助于审计市场结构向良性方向转变,可以减少事务所对于客户的经济依赖,提高议价能力,提升行业专家才能,抵御诉讼风险,提高生产效率,从而提高独立性和审计质量。此外,在我国目前的审计管制政策下,会计师事务所取得证券资格的难度较大,事务所自身的声誉价值较高,通过合并提高事务所的市场份额后,事务所的市场美誉度和内在价值会更高,这也为合并后的事务所保持高质量的审计服务提供了内在动力。基于此,本章提出研究假说1:

研究假说1:合并能显著提高我国会计师事务所的审计质量。

会计师事务所的合并在我国有不同的类型。比如,根据合并的形式不同,包括吸收合并与新设合并;根据合并双方的资质与规模的差异,包括"四大"会计师事务所合并国内会计师事务所、具有证券资格的会计师事务所合并不具有证券资格的会计师事务所、具有证券资格的会计师事务所之间的合并、不具有证券资格的会计师事务所之间的合并等。从理论上说,不同类型的会计师事务所的合并对审计质量的影响可能会存在差异。就合并的形式来说,由于吸收合并的过程中往往大型会计师事务所扮演着主导和积极的角色,所以合并后的事务所无论是品牌、人员还是质量控制等都主要依据大型事务所合并前的制度进行整合,因此事务所的整合更容易步入良性轨道,整合的效果可能会更好,因而有助于事务所审计质量的提高。而相对来说,新设合并无论是在人员、品牌、质量控制方面,还是在财务制度、人力资源管理和信息技术等方面都有一个重新梳理和建立的过程,加之组织结构、财务安排等在原来的事务所之间还有一个相互竞争和妥协的过程,因而整合的时间相对较长,不利于审计质量的迅速提高。基于上面的分析,我们提出研究假说2:

研究假说2:不同类型的事务所合并对审计质量的影响存在差异,相对于新设合并,吸收合并能更显著地提高审计质量。

6.2 研究设计

6.2.1 样本选择

本章仍选取2005年以来发生的14起会计师事务所合并案例作为研究对象(其中某些会计师事务所经历了多次合并,如国富浩华、天健正信、天健等),如表4-1所示。

6.2.2 变量的定义

关于审计质量的衡量,本章选取操控性应计项目与会计稳健性作为替代变量。其中,关于操控性应计的质量,本章选取修正的分行业的横截面Jones模型作为计算操控性应计的主要模型。

关于会计稳健性,我们以Basu(1997)模型为基础建立模型(1):

$$\frac{X_{i,t}}{P_{i,t-1}} = \beta_0 + \beta_1 D_{i,t} + \beta_2 RET_{i,t} + \beta_3 D_{i,t} * RET_{i,t} + \delta \quad (1)$$

在模型(1)中,$\frac{X_{i,t}}{P_{i,t-1}}$以公司$i$在$t$年末的每股收益(EPS)除以$t-1$年末的股票价格表示。$RET$为个股的年回报率减去市场的回报率(其中个股的年回报率以t年的5月到$t+1$年的4月的考虑现金红利再投资的回报率表示,市场年回报率以t年的5月到$t+1$年的4月的考虑现金红利再投资的市场加权平均回报率表示)。另外,以公司股票年回报率(RET)的正负作为好坏消息的度量,并设置反映好坏消息的虚拟变量 $D_{i,t}$(如果 RET 为正,则为 0,否则为 1),这样模型(1)中 β_2 的系数表示"好消息"情况下的盈余反应系数,而 β_3 表示"坏消息"情况下会计盈余反应系数的增量,β_3 为正则代表会计盈余是稳健的,β_3 越高表示会计稳健性越高。

6.2.3 模型的设定

为了检验会计师事务所合并对审计质量的影响,分别设立如下两个模型:

$$DA_{i,t} = \beta_0 + \beta_1 MERGE_{i,t} + \beta_2 SIZE_{i,t} + \beta_3 LEV_{i,t} + \beta_4 ROA_{i,t} + \beta_5 LOSS_{i,t} + \beta_6 CFO_{i,t} + \beta_7 GROWTH + Fixed\ Effect \quad (2)$$

$$\frac{X_{i,t}}{P_{i,t-1}} = \beta_0 + \beta_1 D_{i,t} + \beta_2 RET_{i,t} + \beta_3 D_{i,t} * RET_{i,t} + \beta_4 MERGE_{i,t} + \beta_5 MERGE_{i,t} * D_{i,t} + \beta_6 MERGE_{i,t} * RET_{i,t} + \beta_7 MERGE_{i,t} * D_{i,t} * RET_{i,t} + \delta \quad (3)$$

模型(2)中 DA 为应变量,代表操控性应计数,根据分行业的横截面 Jones 模型计算得出(以期初总资产平减后)。$MERGE$ 是本章要测试的自变量,通过哑变量来衡量,如果样本为合并前一年度则为 0,如果样本为合并后一年度则为 1,预测自变量的回归系数为负,代表审计质量在事务所合并后显著提高。模型(2)中的其他变量是可能影响因变量的控制变量,其中,$SIZE$ 表示公司的规模,以公司总资产的自然对数衡量;LEV 表示公司负债情况,以公司的资产负债率衡量;ROA 代表公司的盈利情况,以总资产收益率表示;CFO 衡量公司的现金流量,以经营活动现金净流量代表;$LOSS$ 是反映公司是否亏损的虚拟变量,如果公司的样本年度发生了亏损则为 1,否则为 0;$GROWTH$ 衡量公司的成长性,以公司营业收入的增长率来代表。另外,为克服其他缺失变量的影响,模型(2)采用了面板数据的固定效应回归模型。

模型(3)在模型(1)的基础上加入反映会计师事务所合并的哑变量 $MERGE$ 及 $MERGE$ 与其他变量的交乘项。如果 β_7 的系数显著为正,则代表事务所的合并促进了被审计公司会计稳健性的提高,即合并提高了审计质量。

6.2.4 数据来源

为验证会计师事务所合并对审计质量的影响,必须要求客户在会计师事务所合并前后未发生过变更。因此,本章以前述 14 起会计师事务所合并案例作为研究对象,选择这些事务所合并前后未发生变更的上市公司客户作为研究样本。为保证检验的效果,以合并后一年(以合并年度为合并的当年度,以年度审计为准,如 2008 年 1 月合并则视 2007 年度为合并当年)被审单位的审计质量作为衡量指标,这样符合要求的样本共 636 个。每家公司都选取合并后一年与合并前一年共两年的观测值,共得到 1 272 个样本年数据。在剔除了变量缺失的样本后,研究假说 1 最终获得 958 个样本,研究假说 2 最终获得 1 160 个样本。本章的财务数据及其他数据主要从 CCER 数据库中获取。

6.3 实证结果与分析

6.3.1 描述性统计与分组检验

表 6-2 是被审计单位在会计师事务所合并前后的相关指标及差异的显著性检验。相关的指标包括公司的规模($Size$)、负债比率(Lev)、盈利情况(Roa)、是否亏损($Loss$)、现金流量情况(Cfo)、成长性($Growth$)、每股收益情况(Eps)以及公司的市场回报率(Ret)等。从表 6-1 的 T 检验结果来看,公司的规模、每股盈利与市场回报在合并后都有统计上的显著提升。从非参数的 Mann-Whitney 检验来看,公司的规模、总资产盈利率、成长性、每股盈利与市场回报率在合并前后都存在显著的差异。

表6-1 被审计单位客户在会计师事务所合并前后相关指标的分组检验

	均值			中位数		
	合并前	合并后	T检验	合并前	合并后	Mann-Whitney检验
Size	21.587	21.875	-3.900***	21.456	21.669	13.239***
Lev	0.504	0.507	-0.213	0.501	0.497	0.072
Roa	0.040	0.047	-1.224	0.035	0.040	5.121**
Loss	0.110	0.080	1.369	0	0	1.873
Cfo	3E+008	4E+008	-0.541	1E+008	1E+008	0.781
Growth	0.163	0.228	-1.339	0.063	0.117	8.724***
Eps	0.297	0.370	-2.318**	0.216	0.271	-3.092***
Ret	-0.729	0.141	-14.570***	-0.435	0.284	-10.353***

注：*** 表示在1%的统计水平上显著；** 表示在5%的统计水平上显著；* 表示在10%的统计水平上显著。

6.3.2 基于操控性应计数视角(方法1)的会计师事务所合并对审计质量的影响

为验证本章的研究假说1与研究假说2，我们首先利用操控性应计数作为审计质量的替代指标，运用模型(2)对研究假说1与研究假说2进行了实证检验，结果见表6-2。从表6-2的第2列可以发现，在控制了其他变量的影响后，反映事务所合并的哑变量MERGE与操控性应计数负相关，且在1%的统计水平上显著，这说证实了本章的研究假说1，表明会计师事务所合并后，被审计单位的操控性应计数显著地下降了，审计质量得到了显著的提升。具体原因可能如前所述，包括合并后的事务所降低了对客户的经济依赖，提高了独立性；提升了事务所的议价能力；提高了事务所抵御诉讼风险的能力；提升了事务所的行业专家才能，提高了专业胜任能力；由于财务协同效应与规模协同效应的存在使事务所降低了审计成本从而提高了审计质量；等等。另外，根据表6-2的第3列与第4列的回归结果，二种不同形式的合并类型包括吸收合并和新设合并都显著提高了审计质量，但无论是系数的大小还是统计的显著水平，吸收合并都大于新设合并，说明相对于新设合并，吸收合并更有效地提高了审计质量，从而证实了本章的研究假说2。具体原因也可能如前文所述，由于吸收合并过程中往往存在一个大型会计师事务所占据主导和积极角色，合并后的事务所在品牌、人员、质量控制等方面可以根据大型事务所的相关制度进行调整，因而能更快地走上良性的发展轨道，审计质量在合并后更有可能迅速提高。与之相对应的是，新设合并由于组织结构、管理制度等都有一个重新梳理和建设的过程，可能整合过程较长，因而影响到审计质量的提高。

表6-2 会计师事务所合并对操控性应计数的影响

变量	假说1的检验	假说2的检验	
		吸收合并	新设合并
$Constant$	-1.285^{***} (-4.46)	-1.623^{***} (-3.47)	-0.982^{**} (-2.59)
$Merge$	-0.020^{***} (-2.76)	-0.023^{**} (-2.03)	-0.018^{*} (-1.82)
$Size$	0.056^{***} (4.22)	0.072^{***} (3.26)	0.043^{**} (2.47)
Lev	0.078^{**} (2.07)	0.114 (1.61)	0.041 (0.90)
Roa	-0.969^{***} (-11.55)	-0.998^{***} (7.57)	-0.915^{***} (8.02)
$Loss$	0.017 (0.93)	0.024 (0.90)	0.009 (0.35)
Cfo	$-5.23e-11$ $(-9.75)^{***}$	$-8.26e-11^{***}$ (-7.81)	$-4.04e-11^{***}$ (-6.61)
$Growth$	0.015 $(2.09)^{**}$	-0.007 (-0.47)	0.022^{**} (2.39)
Fixed Effect	有	有	有
Adjusted R Square	31.66	17.41	46.70
F	60.60^{***}	20.38^{***}	45.05^{***}
N	958	420	538

注：括号内是T值。***表示在1%的统计水平上显著；**表示在5%的统计水平上显著；*表示在10%的统计水平上显著。

6.3.3　会计师事务所合并对审计质量的影响：基于盈余稳健性视角的假设检验

为进一步证实会计师事务所合并对审计质量的影响，本章除了从操控性应计数的视角对会计师事务所合并与审计质量的关系进行实证检验外，还从会计稳健性的视角就会计师事务所合并对审计质量的影响进行了实证检验，结果见表6-3。从表6-3的第2列可以发现，个股的每股盈余与市场回报显著正相关，但与反映会计稳健性的交乘项 D * Ret 显著负相关，表明整体而言，我国上市公司的会计稳健性不高。再从反映会计师事务所合并的哑变量 MERGE 与 D 及 Ret 的交乘项来看，系数为0.104，且在5%的统计水平上显著正相关，表明事务所合并后，被审计单位的会计稳健性有所提高，这证实了本章的研究假说1，说明会计师事务所合并有助于审计质量的提高。再从表6-3的第3列与第4列来看，无论是吸收合并还是新设合并都显著提高了会计盈余的稳健性，但在吸收合并子样本中，反映会计师事务所合并的哑变量 MERGE 与 D 及 Ret 的交乘项的回归系数更大且统计显著性水平更高，这也证实了本章的研究假说2，即吸收合并相对于新设合并更有助于审计质量的提高。

表6-3 会计师事务所合并对会计盈余稳健性的影响

变量	假说1 的检验	假说2 的检验	
		吸收合并	新设合并
Constant	−0.013 (−0.75)	0.013 (0.35)	−0.029 (−1.62)
D	0.052** (2.59)	0.068* (1.67)	0.036* (1.67)
Ret	0.112*** (3.05)	0.061 (0.82)	0.144*** (3.74)
D * Ret	−0.099*** (−2.67)	−0.027 (−0.36)	−0.143*** (−3.67)
Merge	0.038* (1.87)	0.031 (0.76)	0.033 (1.48)
Merge * D	−0.034 (−1.39)	−0.113** (−2.29)	0.009 (0.32)

续表

变量	假说1的检验	假说2的检验	
		吸收合并	新设合并
Merge * Ret	-0.096** (-2.19)	-0.098 (-1.14)	-0.073 (-1.58)
Merge * D * Ret	0.104** (2.28)	0.114** (2.31)	0.101** (2.10)
Adjusted R Square (%)	2.26	7.64	5.57
Wald chi2	24.26***	38.16***	34.40***
N	1160	542	618

注：括号内是T值。*** 表示在1%的统计水平上显著；** 表示在5%的统计水平上显著；* 表示在10%的统计水平上显著。

6.3.4 稳健性检验

为验证本章结论的可靠性，还进行了稳健性的测试（表略去），包括：(1) 采用不分行业的Jones操控性应计模型作为审计质量的替代变量；(2) 以合并后一年与合并当年的审计质量的平均值作为审计质量的替代衡量指标；(3) 改变其他控制变量的衡量方法，如采用市净率作为成长性的替代指标，以ROE作为公司盈利的衡量指标等；(4) 采用操控性应计数的绝对数作为审计质量的替代指标。稳健性检验的结论基本与表6-2和表6-3的回归结果一致，表明本章的研究结论是稳健的。

6.4 小 结

通过以2005年以来发生的14起具有代表性的会计师事务所合并案例作为研究对象，以操控性应计数与会计盈余的稳健性作为审计质量的替代指标，运用大样本的经验研究方法，本章探讨了会计师事务所的合并对审计质量的影响,并分别不同的会计师事务所合并类型,考察了其对审计质量的不同影响。研究结果发现,被审计单位的操控性应计数在会计师事务所合并后有了显著下降,而会计盈余的稳健性在会计师事务所合并后则有了显著提高,研究结果表明会计师事务所合并对审计质量有显著的改善。此外,就不同的会计师事务所合并类型来说,相对于新设合并,吸收合并对审计质量有更显著的改善。

  本章的研究结果有重要的启示,尽管我国的会计师事务所合并带有政府推动的重要背景,而并非是完全的市场行为,但是,从客观上来说,会计师事务所的合并有助于我国注册会计师审计质量的提升,对于完善我国独立审计的市场结构,推动事务所做大做强,提高会计师事务所的核心竞争力,增强独立审计的功用具有重要意义。不过,也须看到,尽管我国的内资事务所通过合并,规模实现了迅速扩张,但与国际"四大"会计师事务所相比,无论是规模还是管理水平都还有相当大的差距。

CHAPTER 7

会计师事务所合并与审计质量：基于天健东方与开元信德合并的案例分析

第3章到第6章主要利用上市公司的数据，实证检验了会计师事务所合并的经济后果，包括会计师事务所合并对审计收费、审计风险控制、审计生产效率，进而对审计质量的影响。为进一步考察会计师事务所合并的影响，本章以天健东方和开元信德合并为案例，运用案例分析的方法考察会计师事务所合并对审计质量的影响。

7.1 案例简介

7.1.1 合并双方会计师事务所概况

7.1.1.1 浙江天健东方会计师事务所概况

天健东方会计师事务所是2008年由浙江天健会计师事务所与浙江东方会计师事务所合并而成的。2008年12月4日和5日，浙江天健会计师事务所和浙江东方会计师事务所召开双方股东大会，并最终审议表决通过了双方的合并事项；12月6日，两家事务所签订了合并协议；12月11日，浙江天健会计师事务所有限公司登记并完成了相关增资验资的手续；12月15日，浙江省工商行政管理局研究批准了该项并购方案，并颁发了"浙江天健东方会计师事务所有限公司"企业法人营业执照。合并成立后的浙江天健东方会计师事务所有限公司的业务收入超过3亿元，事务所内任职人员达到千人以上；合并后的事务所拥有90家上市公司客户，在全国会计师事务所中位居第二。

7.1.1.2 开元信德会计师事务所概况

开元信德会计师事务所成立于2007年10月，是由1985年创立的湖南开元会计师事务所、1992年创办的深圳天健信德会计师事务所以及湖南天兴会计师事务所合并成立的，事务所注册资本为500万元，总部位于北京，在深圳、安徽、东莞以及长沙等多个城市设立分支机构。合并后的开元信德会计师事务所拥有300多名员工，除了北京总部外，在湖南、深圳也有两个分所。合并完成后，开元信德会计师事务所帮助近百家中国企业在境外资本市场成功上市，并且一直致力于为国内数百家诸多行业的大中型企业提供专业的会计信息咨询服务;与同行业中其他会计师事务所相比,开元信德会计师事务所在企业重组、公司改制、资本运作、审计及税收、股票发行与上市、财务咨询、造价咨询等多项专业服务上具有较强的实力和业绩。

7.1.2 天健东方和开元信德合并的过程

7.1.2.1 合并动因

根据调查相关合并案例资料,可以看出我国大多数会计师事务所的合并是在政府的推动下完成的。2007年以后,随着我国对外开放程度不断加深,服务贸易产业呈现不断增长的趋势。为了适应这一个趋势,为中国企业更好地"走出去"提供更加优质的服务,同时贯彻《国务院关于加快发展服务业的若干意见》的思想,中国注册会计师协会于2007年5月制定并发布《关于推动会计师事务所做大做强的意见》(以下简称《意见》)与《会计师事务所内部治理指南》。这标志着我国注册会计师行业在贯彻人才培养战略、准则国际趋同战略之后,又创造性地开启了"做大做强"战略。根据该《意见》,我国将在5到10年内,发展约100家具有较大规模,具备向大型企业提供综合性服务能力的会计师事务所。在实现这一目标的基础之上,发展大约10家能够为中国企业实施"走出去"战略提供综合性服务的国际化会计师事务所。除了国家政策扶持外,强化事务所内部治理能力也是提高自身竞争力的重要措施。在2009年7月国务院办公厅转发财政部制定的《关于加快发展我国注册会计师行业若干意见》,以及财政部和证监会联合发布的《会计师事务所从事H股企业审计业务试点工作方案》之后,我国政府明确了会计师事务所开展H股上市公司审计业务应该具有的资质,这也促进了此轮会计师事务所合并的持续深化。

此外,随着中国会计准则与国际会计准则的趋同,以及"四大"会计师事务所在中国的迅猛发展,也促成了国内会计师事务所之间的强强联合。随着天健系的两大主力事务所(深圳天健信德和北京大健)被德勤纳入麾下,浙江天健若想要发展到与国际所及其他国内大所势均力敌的程度,就必须在当前基础上做大做强。

7.1.2.2 合并过程

2009年9月25日,浙江天健东方会计师事务所和开元信德会计师事务所共同对外宣布合并有关事宜,与此同时,双方决定将完成合并的事务所正式更名为"天健会计师事务所有限公司"。根据2009年中国注册会计师协会发布的全国会计师事务所百家榜的数据,浙江天健东方会计师事务所在2008年的总收入为31 466万元,在全国以及所有内资事务所的排名分别为第八和第四。开元信德会计师事务所当年总收入为11 911万元,总收入排名在全国和所有内资事务所中分别为第二十四名和第二十名。合并成立的天健会计师事务所,总收入位列全国第七,在所有内资事务所中位列第三。无论从事务所规模还是从执业质量、行业声誉来看,开元信德会计师事务所在诸多方面都与天健东方有着显著的差距。因此在此次合并中,与开元信德相比,天健东方具备多方面的合并优势。这使得天健东方在合并过程中始终拥有主导地位,最终以天健东方完成对开元信德吸收合并的结果画上句号。

表7-1 合并双方2008—2010年度总收入及排名情况

单位:万元

合并前事务所名称	2007年		2008年		合并后事务所名称	2009年	
	排名	收入	排名	收入		排名	收入
浙江天健	13	18 150	8	31 466	天健会计师事务所	8	50 266
浙江东方	50	8 804					
开元信德	28	9 399	26	11 911			

在2009年合并完成后,天健会计师事务所不仅仅在收入方面持续增长,在上市公司客户的数量上、事务所的从业注册会计师人数上也增长迅速。合并完成后,天健会计师事务所在全国的排名不断靠前,逐渐成为全国三大内资会计师事务所之一。

表7-2 2006—2013年天健会计师事务所与"四大"审计客户数量

会计师事务所	2006	2007	2008	2009	2010	2011	2012	2013
湖南开元	21	1						
天健信德	4							
开元信德		26	26					
浙江东方	2	8						
浙江天健	70	72	87					
天健东方								
天健				127	172	209	262	270
合计	97	107	113	127	172	209	262	270

续表

会计师事务所	2006	2007	2008	2009	2010	2011	2012	2013
普华永道	37	43	43	42	51	58	56	56
德勤华永	21	21	17	20	27	33	36	41
安永华明	27	32	33	35	40	43	44	38
毕马威	12	17	17	17	19	19	19	20
合计	97	113	110	114	137	153	155	155

在绝对增长值方面，合并后的天健会计师事务所拥有的上市公司客户数量快速增长。特别是在 2009 年之后，增长速度不断加快。从表 7-2 可以看出，2010 年天健客户数量比 2009 年增加了 45 家，涨幅达到 35.43%，2011 年比 2010 年增加了 37 家，涨幅达到 21.51%，2012 年比 2011 年增加了 53 家，涨幅达到 25.36%。总的来看，2013 年较 2006 年共增加了 173 家，审计客户数量将近 2006 的 3 倍。由此可以看出，合并后的天健会计师事务所在审计客户数量上的增长是快速的，这也说明天健会计师事务所的审计服务逐渐受到越来越多客户的认可与接受。仅从这个方面来看，合并起到了一定的积极作用。与天健的数据相比，"四大"的增长幅度则较为缓慢，七年来共增加客户数 58 家，这是由于"四大"的客户基本上都是相对稳定的大客户。

CPA 人数	2006	2007	2008	2009	2010	2011	2012	2013
开元信德	81	187	234					
天健东方	274	348	339					
天健				705	884	1 047	1 169	1 389
合计	355	535	573	705	884	1 047	1 169	1 389

表7-3 2006—2013年天健会计师事务所历年CPA人数

从表 7-3 能够看出，天健会计师事务所在 2006 年到 2013 年之间，注册会计师人数增加了 1 000 多人，且每年都保持增长。特别是在合并后，随着事务所规模的不断发展壮大，事务所的审计客户数迅猛增加，在这样的状况下，专业人才需求量也在不断增加。天健会计师事务所正是在这个过程中不断"做大做强"。

7.1.2.3 合并后天健会计师事务所的运行情况

合并后的天健会计师事务所的总部和注册地仍设在浙江杭州,在北京、上海、重庆等十四个省市则设立了分支机构,并在香港和台湾两地设置了成员所。合并后的天健会计师事务所依托 30 年丰富的执业经验和领先的专业服务能力,逐渐建立起一支专业能力优秀、道德素质高尚、年龄结构合理的会计师团队。在其拥有的 3 800 多位从业人员中,拥有会计、审计、经济和工程技术等高等专业职称的员工达 500 余名;注册会计师人数超过 1 300 人,注册会计师行业领军人才 23 名;除此之外还有 60 余名员工拥有境外执业会计师资格;教授级高级会计师 11 人,占浙江省总数的 20.8%。从年龄结构上看,平均员工年龄只有 27 岁。2014 年天健会计师事务所的收入超过 13 亿元,其综合实力位列内资事务所第三。

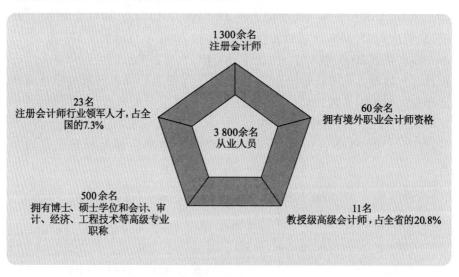

图 7-1 天健会计师事务所从业人员结构

表 7-4 2014年会计师事务所综合前十大排名

单位:万元

事务所名称	排名	业务收入	注册会计师人数
普华永道中天会计师事务所	1	335 141.01	959
德勤华永会计师事务所	2	288 123.29	800
瑞华会计师事务所	3	277 592.64	2 335

续表

事务所名称	排名	业务收入	注册会计师人数
立信会计师事务所	4	250 911.05	1 811
安永华明会计师事务所	5	236 433.79	911
毕马威华振会计师事务所	6	234 717.41	616
天健会计师事务所	7	134 145.63	1 389
大华会计师事务所	8	123 787.93	976
信用中和会计师事务所	9	117 517.18	1 096
大信会计师事务所	10	110 054.73	1 032

截至2013年6月底,天健会计师事务所共拥有包括省内外A股、B股、H股上市公司及大型国企、外企等在内的固定客户3 000余家,其中上市公司客户262家,位居全国前列。自2009年下半年国内IPO重启直到2013年6月底,天健会计师事务所承接的211家企业顺利过会,其中IPO企业高达107家,位居全国第一。截至2013年6月底,天健会计师事务所承办的深圳中小板上市企业共120家,同样位居全国第一。经过30年的发展,天健会计师事务所以审计、工程咨询、税务代理、会计咨询和会计培训等业务为基础,不断优化内部治理,逐步建立起科学、合理、规范、健全的组织机构。事务所内部设有十个非常设机构,并设有若干分所、成员所和联系所。详细的组织结构如下:

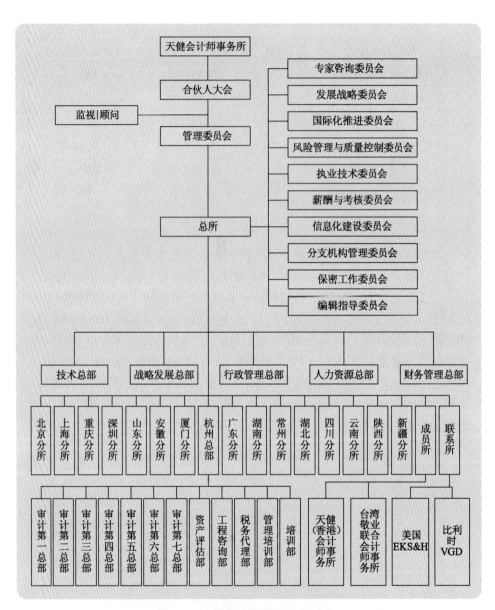

图7-2 天健会计师事务所组织结构

7.2 案例的研究假说

从合并的形式来看,天健东方会计师事务所与开元信德会计师事务所的合并类型属于吸收合并。在吸收合并过程中,进行合并的事务所中规模较大的一方(天健东方会计师事务所)一般都会起到主导地位。因此,合并后的事务所在品牌、人才以及审计质量控制等方面都会以规模较大一方事务所(天健东方会计师事务所)合并之前的规章制度为基础进行整合。如此整合后的事务所能够更快速地步入良性发展的轨道,整合的效果也会更好,从而有利于事务所审计质量的提高。

审计报告是审计工作的产出,是向利益相关人做出的关于代理人提供的财务报告的合法性、公允性的合理担保。审计质量,就是审计结果能否对被审计单位财务报告的合法性、公允性做出客观公正的评价,即审计报告的输出结果与被审计单位财务报告客观事实之间的吻合度。DeAngelo(1981)从审计师的角度解释了审计质量:"审计质量是注册会计师发现客户的会计系统存在违规现象并且报告这些违规现象的联合概率。"

但是,无论是"吻合度"还是"联合概率"都不可以直接度量审计质量。由于审计过程中的投入是不可观察的,并且由于审计报告高度标准化,再验证会耗费巨大的成本,因此审计质量不能被直接测定。在实证研究领域,国内外学术界纷纷尝试研究影响审计质量的各种因素,目的是找到合适的替代指标来间接度量审计质量。

国内外衡量审计质量的指标有多种,如审计意见类型、盈余数据、审计失败、审计师类型以及审计费用等。审计延迟指的是从被审计公司出具资产负债表日到会计师事务所出具审计报告日之间的时间长度。如果审计报告出具日比财务报表递交日延迟很多,竞争性使用者将会在审计报告发布前获取其他信息以代替审计报告,从而降低了被审计的财务报表的信息价值。审计延迟不仅能影响会计信息的及时性,还能在很大程度上反映审计的效率。因此,监管部门往往十分关注审计延迟以及与其相关的信息延迟。

除此之外,审计延迟是极少数能够从外部观察到的并且可以用来衡量审计质量的变量。

因为审计收费与事务所的品牌声誉一般来说是正相关的,所以审计收费也被用来作为衡量审计质量的指标。但是由于事务所的品牌声誉难以直接衡量,研究者通常用事务所规模来代替品牌声誉,他们认为事务所的规模越大,越会注重自身品牌声誉,事务所的品牌声誉也会不断提升。拥有较好品牌声誉的事务所,往往代表着其会提供更高标准的审计质量。

因此,本研究将使用审计延迟和审计收费这两个指标来衡量会计师事务所的审计质量。

假说1:天健东方会计师事务所与开元信德会计师事务所的合并可以显著降低企业的审计延迟。

假说2:天健东方会计师事务所与开元信德会计师事务所的合并可以显著提高会计师事务所的审计收费。

7.3 基于审计延迟视角的会计师事务所合并与审计质量变化

审计延迟的影响因素一方面包括被审计公司自身的情况,例如公司财务复杂程度、公司规模、内部控制、公司经营状况、公司会计人员的配合度等。通常来说,财务状况越复杂、规模越大、内部控制存在严重缺陷的公司,在审计过程中需要审计人员执行较多的审计程序、投入较多的审计时间。另一方面包括会计师事务所的情况,例如事务所的管理水平、审计人员的时间投入、审计人员的专业水平、事务所任期、审计意见类型等。一般来说,如果事务所规模较大,审计人员数量较多,专业水平较高,那么在年审时该事务所能够灵活调配人员,从而高效完成审计工作。从审计意见角度来看,如果被审计单位有可能被出具非标准审计意见,那么该公司管理层必然会跟审计人员进行交流和沟通,想办法寻找能影响最终审计意见的有效解决方案,这样一来肯定会延长审计完成的时间。从这个角度看来,审计延迟不仅能直观地衡量事务所的审计效率,而且能很好地反映事务所的审计质量。

在客户不变的前提下,我们来检验天健东方与开元信德会计师事务所之间的合并是否能缓解审计延迟的状况。若能有效缓解审计延迟,则可以提高审计效率和事务所的审计质量。本研究选取天健东方会计师事务所和开元信德会计师事务所合并前后若干年的数据来检验事务所审计延迟是否存在显著差异,从而研究会计师事务所的合并是否会对审计效率和审计质量产生影响。

7.3.1 天健会计师事务所合并前后历年审计延迟趋势分析

本研究选取 2006 年至 2013 年之间天健会计师事务所在合并前后审计的沪深两市 A 股所有上市公司为样本,剔除未披露年度审计报告的上市公司以及需补充审计或双重审计但又未进行公开披露的上市公司。

单位：天

表7-5 2006—2013年之间的审计延迟情况

	2006	2007	2008	2009	2010	2011	2012	2013
湖南开元	79.35	102.00						
天健信德	79.00							
开元信德		96.42	90.10					
浙江东方	110.00	84.75						
浙江天健	90.66	83.95						
天健东方			89.11					
天健					86.58	84.52	89.15	90.53	88.41
平均天数	88.08	87.67	89.33	86.58	84.52	89.15	90.53	88.41
中位数	89.00	88.00	91.00	87.00	84.00	88.50	89.00	87.00

从表 7-5 能够看出:

(1) 从平均天数来看,在合并的当年(2009 年),审计延迟有小幅度下降的趋势,审计报告出具的平均时间比合并之前缩短了近 3 天。在合并后的第二年(2010 年),审计延迟又一次出现小幅度降低。由此可以看出,在合并完成后的两年里,会计师事务所的合并对降低审计延迟、提高审计效率有一定的积极作用。

（2）从中位数来看，2006年、2007年和2008年的审计延迟分别是94天、88天和91天。但是，事务所合并当年的审计延迟是87天，合并后一年的审计延迟为84天。由此我们可以得出，合并有利于改善审计延迟。综上所述，从平均天数和中位数方面来看，事务所进行合并后，尽管客户数量会增加，但是仍然会降低审计延迟。审计延迟的降低表明审计效率得到提高，进而也表明审计质量相应提高。

（3）观察表7-5数据我们还能发现，无论是平均数还是中位数，从合并完成后的第三年（2011年）起，审计延迟又再次增加，可以说审计效率又回到了合并前的水平。对此现象出现的原因我们提出以下猜想：从2011年开始，天健会计师事务所拥有的客户数量迅速增加，该年的客户数量是2009年的2.06倍，可以说审计客户数量呈现出爆炸式的增加。客户数量迅猛增加，说明客户对天健会计师事务所审计质量、事务所品牌声誉以及审计人员的执业能力等方面高度认可。但是审计客户的爆炸式增加也带来一些消极影响，如审计人员的工作量大大增加，这样一来就出现了从2011年开始的审计延迟再次反弹的发生。

（4）通过分析表7-5数据可以看出，审计延迟与合并前相比有一定程度的改善。因此，合并会降低我国本土会计师事务所完成审计工作的时间，即审计延迟会降低。这也说明，天健会计师事务所的合并不只是单纯地扩大营业规模，在合并完成后也产生了一定的协同效应和范围经济，并且提高了审计效率。另一方面，审计延迟的降低对提高会计信息及时性有重要作用。

7.3.2 天健会计师事务所合并前后相同客户审计延迟趋势分析

我们还对浙江天健会计师事务所合并前三年和合并后五年的审计延迟进行了简单分析比较。分析样本选自浙江天健东方会计师事务所和开元信德会计师事务所在2006年至2013年间持续审计的31家客户，其中天健东方客户数为21家，开元信德客户数为10家。接着，从CSMAR数据库中获取这31家客户的审计延迟状况，并以此为样本完成对比分析。

会计师事务所合并与审计质量：基于天健东方与开元信德合并的案例分析

表7-6 2006—2013年相同客户的审计延迟情况

开元信德	2006	2007	2008	2009	2010	2011	2012	2013
电广传媒	43	100	102	87	115	109	112	114
湖南发展	105	102	48	115	83	8	87	58
湖南投资	102	76	103	111	87	114	107	85
华天酒店	37	73	91	33	54	87	65	76
九芝堂	59	77	85	96	108	103	106	106
隆平高科	73	100	91	90	101	108	114	84
罗顿发展	115	114	112	111	111	116	114	106
天奇股份	84	47	109	75	113	114	85	90
通程控股	109	102	85	89	110	115	108	106
新五丰	100	107	105	83	82	104	100	79
平均天数1	82.7	89.8	93.1	89	96.4	97.8	99.8	90.4
中位数	92	100	96.5	89.5	104.5	108.5	106.5	87.5
天健东方	2006	2007	2008	2009	2010	2011	2012	2013
古越龙山	78	83	74	96	95	85	84	64
广博股份	80	99	90	97	96	96	99	99
海正药业	88	66	57	83	85	82	85	107
杭钢股份	113	86	113	83	75	74	79	78
杭汽轮B	105	93	111	109	82	85	84	85
华海药业	78	80	71	58	84	47	50	87
尖峰集团	109	101	85	78	97	96	108	100
江山化工	86	98	102	84	58	81	72	85
金鹰股份	115	107	115	107	106	108	106	105
巨化股份	107	57	83	83	46	81	65	106
凯恩股份	67	113	91	112	53	82	80	79
钱江摩托	113	103	97	88	114	116	98	103
钱江水利	104	114	111	96	102	86	106	75
轻纺城	105	106	105	81	96	106	85	84

续表

天健东方	2006	2007	2008	2009	2010	2011	2012	2013
三变科技	102	106	97	108	100	113	112	112
士兰微	78	81	97	40	64	63	61	74
天通股份	107	92	109	102	79	96	114	78
万向钱潮	85	58	78	116	70	75	85	85
伟星股份	101	86	56	111	107	100	72	78
物产中大	103	88	100	99	112	104	109	108
亿帆鑫富	81	46	72	85	98	114	114	85
平均天数2	95.48	88.71	91.14	91.24	86.62	90	88.95	89.38
中位数	103	93	97	96	96	96	85	85
平均数	91.35	89.06	91.77	90.51	89.77	92.52	92.45	89.71

从表 7-6 我们可以看出：(1) 开元信德会计师事务所的 10 家审计客户的审计延迟在合并当年(2009 年)有了一定的改善,平均审计天数从 2008 年的 93.1 天下降为 2009 年的 89 天,下降幅度为 4 天多,这说明审计效率一定程度上提高了。从中位数角度来看,审计延迟同样出现改善,中位数从 2008 年的 96.5 天下降为 2009 年的 89 天。并且,开元信德会计师事务所拥有的 10 家审计客户中,有 6 家的审计时间在合并当年有了一定的下降。

(2) 从表 7-6 可以看出,在合并当年,属于开元信德会计师事务所的审计客户的审计延迟有改善的现象,但是,属于天健东方会计师事务所的审计客户在该年并没有出现审计延迟的改善。在 2008 年,天健东方审计客户的平均审计天数为 91.14 天,2009 年为 91.24 天,由此看来平均天数基本不变。从中位数上看,也没有太大的变化,2008 年的中位数为 97 天,2009 年为 96 天。该现象出现的原因是本次合并是天健东方对开元信德的吸收合并,天健东方在合并中占主导地位,因此,天健东方在合并后各方面没有太大的变化,合并产生的效果尚未表现出来。

(3) 观察表 7-6 我们可以看出,在合并后的次年(2010 年),天健东方的审计延迟从 2009 年的 91.24 天下降到 2010 年的 86.62 天,下降幅度近 5 天。并且在这 21 家客户中,有 12 家的审计时间都有减少。对此,我们可以解释为一方面是天健东方对被审计单位有了进一步的了解,因此审计工作进行的时间减短了;另一方面是由于合并后,事务所进行了资源整合,因此审计效率得到提高。

(4) 与天健东方不同的是,从合并的次年开始,属于开元信德会计师事务所的审计客户的审计延迟竟然大幅提高。2010年的审计延迟比合并前提高了四五天。我们猜想可能是由于在合并当年,审计客户数量与上年相比增加较少(2009年审计客户数量比2008年增加了14家),因此审计效率有了一定的提升;合并完成后,随着事务所的品牌被更多人熟知,审计客户大幅增加(2010年比2009年增加了45家,2011年比2010年增加了39家,2012年比2011年增加了53家)。在客户数量激增的环境下,审计人员自然而然需要花费更多的时间来完成既定的审计工作。另外,在被吸收进天健东方会计师事务所后,原事务所在审计流程、内部控制制度等方面有了更高的要求,这必定会对原属于开元信德会计师事务所的审计人员提出更高的业务要求,由于短时间内审计人员难以适应这种变化使得审计花费的时间相应增加。

(5) 天健东方会计师事务所在合并后的下一年审计延迟有了小幅下降,但从第三年起基本上再次回到了合并前的水平,换句话说审计延迟总体上并没有减缓。但在前面已说明,2010年起天健东方的审计客户数量迅猛增加,在客户数量增加但审计质量保持不变的情况下,审计延迟未出现提高,那么在一定程度上可以说审计效率还是提高了,只是没有直接从样本数据中表现出来。

本章的研究结果表明,尽管我国很多会计师事务所的合并是在政府的干预下完成的,并不是完全的市场行为,但是客观上来说会计师事务所的合并有利于提高审计效率。虽然效果并不是很明显,但对于促进本土会计师事务所做大做强,提高会计师事务所的综合实力,以及更好地发挥独立审计的作用具有重要指导意义。当然我们也要看到,虽然合并使得我国会计师事务所规模快速扩张,审计效率也有了一定的提高,但与"四大"会计师事务所相比,仍然有很大差距,审计效率还可以进一步提高。因此,除通过合并实现事务所外延式的发展外,还需要进一步加强内部治理,包括组织形式的变革等,以实现事务所的内涵式发展,从而内外兼修实现会计师事务所"做大做强"的目标。

7.4 基于审计收费视角的会计师事务所合并与审计质量变化

会计师事务所的审计费用通常和事务所的品牌声誉息息相关。一般情况下,同样规模的客户,"四大"的审计费用要比内资会计师事务所高。原因主要是"四大"会计师事务所与内资事务所相比品牌响、声誉好,客户普遍认为"四大"能提供质量更高的审计服务,外部投资者更信赖"四大"出具的审计报告。从事务所自身角度来看,品牌效应类似于蝴蝶效应,大品牌往往能给事务所带来更多的资源,如顾客资源和人力资源等。品牌资源是事务所最重要的核心竞争资源,只有形成良好的品牌,事务所才有可能扩大优质客户的规模,才能在市场中占据主导地位,从而进一步巩固自身核心地位。事务所具有了竞争优势,就一定可以吸引更多的客户。一般来说,上市公司在选择会计师事务所时,首先考虑规模较大、品牌声誉较好的事务所。这种现象出现的最根本原因是由于审计市场存在严重的信息不对称,被审计单位对事务所提供的服务质量无法有效地进行评价,因此品牌声誉成为企业衡量事务所审计服务质量的一个有效途径。这样一来,品牌声誉较好的事务所通常更易获取那些规模较大的优质企业客户,并且会在行业中占据较大的市场份额。总体上看,会计师事务所自身品牌声誉在获取客户资源时往往能发挥至关重要的作用,这也是事务所品牌声誉价值的一个重要表现形式。

在很大程度上,事务所的品牌声誉会向客户传输其应有的价值。因此,准备 IPO 的企业在选择为其上市审计的事务所时,往往更倾向于选择那些经验丰富并且曾帮助很多企业成功上市的会计师事务所。公司成功上市后发行股票时,如果上市公司能够对外展示品牌声誉较好的会计师事务所出具的审计报告,将会吸引更多投资者。这样能够进一步减少信息不对称带来的影响,降低"逆向选择"的问题,也就更容易促进企业 IPO。另一方面,当会计师事务所通过不断提升的审计质量而建立起更好的品牌声誉后,反过来为了保持现有的声誉,又可以促使会计师事务所提升其审计质量。

在客户不变的情况下,以审计收费作为审计质量的替代指标,我们来检验天健东方与开元信德会计师事务所的合并是否可以提高审计质量。本研究选取浙江天健东方会计师事务所与开元信德会计师事务所合并前后几年的数据来检验事务所合并前后的审计收费是否存在明显差异,从而考察会计师事务所的合并对审计质量的影响。

7.4.1 天健会计师事务所合并前后历年审计收费趋势分析

本研究的样本选取 2006—2013 年天健会计师事务所合并前后进行审计的沪深两市 A 股所有上市公司,剔除未披露年度审计费用的上市公司以及需补充审计或双重审计但未进行公开披露的上市公司。

单位:万元

表7-7 2006—2013年平均审计收费

	2006	2007	2008	2009	2010	2011	2012	2013
湖南开元	60.09	50.00						
天健信德	31.33							
开元信德		51.46	54.60					
浙江东方	41.50	32.12						
浙江天健	56.82	60.72						
天健东方			65.86					
天健					71.67	79.27	82.01	83.35	91.35
平均值	55.29	55.08	63.32	71.67	79.57	82.01	84.24	91.35

观察表 7-7 我们能够发现:(1) 在 2006 年到 2013 年这 7 年间,天健会计师事务所的审计收费大幅增加,从 2006 年合并前各事务所平均 55.29 万元的审计收费,增加到合并后 2013 年的 91.35 万元,共增长了 36.06 万元,涨幅高达 65.22%。

(2) 从 2006 年到 2008 年,天健会计师事务所前身之间的合并,对审计收费造成的影响较小,从这一点上看,在 2008 年时会计师事务所的品牌声誉还未给其带来较高的审计溢价。2009 年 9 月 25 日,浙江天健东方会计师事务所与开元信德会计师事务所的合并给事务所带来了新的发展机会,从表中我们可以直接看出 2009 年的平均收入比 2008 年增长了近 10 万,可以说合并的积极影响在合并当年就体现出来。对于审计费用的高溢价,我们可以理解为客户对产品质量的高度认可并愿意为高品牌声誉支付高额审计费用。

（3）从 2009 年 8 月开始，A、B 股的价格不断下跌，并且连续 3 年成为世界主要经济体中表现最差的股票市场，再加上受到国际金融危机的影响，中国股市一度萎靡不振。在 2010 年以后，资本市场的发展并不乐观。从 2012 年 11 月到 2013 年 12 月 IPO 一直处于暂停阶段，监管局展开了号称是史上最严的 IPO 财务大检查活动，希望通过这一举措挤干上市公司财务中的"水分"。这段时间动荡的市场环境，不可避免地给会计师事务所的正常经营带来一些影响，其中主要的影响对象就是审计收费。所以天健会计师事务所在 2010、2011 和 2012 年这三年期间，平均审计收费基本保持不变。

（4）在 2013 年，平均审计收费又有了一些提高。IPO 在该年还未重启，在此情况下，天健会计师事务所的客户数量还是有了小幅的增长（2013 年比 2012 年增加了 8 家），平均审计收费增加了 8 万。可以看出，天健会计师事务所在合并以后经过几年的发展，在品牌声誉、审计人员的专业能力和独立性方面，获得了市场的高度认可。

7.4.2 天健会计师事务所合并前后相同客户审计收费趋势分析

本研究分析比较了浙江天健会计师事务所合并前三年和合并后五年的审计收费，样本来自 2006 年至 2013 年浙江天健东方会计师事务所和开元信德会计师事务所持续审计的 31 家单位，其中开元信德 10 家，天健东方 21 家。接着从 CSMAR 数据库中获取这 31 家审计单位的审计收费状况，并以此数据为样本进行分析。

表 7-8 2006—2013年相同客户的审计收费

单位：万元

开元信德	2006 年	2007 年	2008 年	2009 年	2010 年	2011 年	2012 年	2013 年
电广传媒	118.00	118.00	118.00	118.00	158.00	158.00	158.00	218.00
湖南发展	60.00	60.00	80.00	60.00	60.00	60.00	55.00	80.00
湖南投资	60.00	60.00	60.00	60.00	60.00	60.00	75.00	90.00
华天酒店	70.00	80.00	90.00	90.00	90.00	105.00	130.00	130.00
九芝堂	55.00	55.00	55.00	55.00	55.00	55.00	55.00	55.00
隆平高科	60.00	65.00	68.00	68.00	68.00	73.00	80.00	95.00

CHAPTER 7
会计师事务所合并与审计质量：基于天健东方与开元信德合并的案例分析

续表

开元信德	2006年	2007年	2008年	2009年	2010年	2011年	2012年	2013年
罗顿发展	38.00	45.00	45.00	45.00	45.00	50.00	50.00	50.00
天奇股份	20.00	30.00	40.00	50.00	60.00	60.00	75.00	75.00
通程控股	40.00	50.00	50.00	50.00	50.00	55.00	55.00	55.00
新五丰	30.00	35.00	35.00	35.00	38.00	39.00	50.00	50.00
小计	551.00	598.00	641.00	631.00	684.00	715.00	783.00	898.00
天健东方	2006年	2007年	2008年	2009年	2010年	2011年	2012年	2013年
古越龙山	45.00	50.00	50.00	63.00	63.00	65.20	87.20	87.20
广博股份	30.00	40.00	44.00	50.00	53.00	58.00	55.00	60.00
海正药业	78.00	83.00	100.00	110.00	120.00	130.00	147.00	152.00
杭钢股份	65.00	75.00	75.00	75.00	75.00	75.00	95.00	95.00
杭汽轮B	30.00	30.00	48.00	59.80	66.00	75.00	80.00	106.00
华海药业	15.00	20.00	30.00	40.00	45.00	55.00	61.00	81.00
尖峰集团	60.00	60.00	65.00	65.00	65.00	90.00	100.00	100.00
江山化工	30.00	48.00	48.00	60.00	70.00	70.00	70.00	78.00
金鹰股份	70.00	75.00	75.00	75.00	80.00	80.00	80.00	80.00
巨化股份	85.00	88.00	93.00	88.00	80.00	98.00	130.00	170.00
凯恩股份	45.00	45.00	50.00	50.00	50.00	60.00	60.00	95.00
钱江摩托	55.00	75.00	78.00	78.00	105.00	110.00	148.00	158.00
钱江水利	60.00	65.00	65.00	68.00	70.00	70.00	92.00	92.00
轻纺城	72.00	65.00	65.00	65.00	70.00	70.00	90.00	90.00
三变科技	30.00	35.00	35.00	45.00	45.00	50.00	50.00	53.00
士兰微	52.00	68.00	63.00	64.00	71.00	70.00	82.50	83.00
天通股份	68.00	88.00	120.00	128.00	148.00	150.00	154.50	100.00
万向钱潮	99.30	117.30	99.30	114.30	147.00	150.00	150.00	160.00
伟星股份	45.00	45.00	50.00	60.00	65.00	70.00	85.00	90.00
物产中大	85.00	80.00	80.00	187.00	258.00	325.00	370.00	455.00

续表

天健东方	2006年	2007年	2008年	2009年	2010年	2011年	2012年	2013年
亿帆鑫富	30.00	60.00	50.00	50.00	50.00	50.00	50.00	50.00
小计	1 149.30	1 312.30	1 383.30	1 595.10	1 796.00	1 971.20	2 237.20	2 435.20
合计	1 700.30	1 910.30	2 024.30	2 226.10	2 480.00	2 686.20	3 020.20	3 333.20

观察表 7-8 我们能够发现：

（1）开元信德拥有的这 10 家审计客户，审计费用在 2006 年至 2013 年间大体上是不断增长的。合计审计费用从 2006 年的 551.00 万增加到 2013 年的 898.00 万元，增长了 347.00 万元，涨幅 62.98%。我们可以得出，开元信德会计师事务所在被天健东方吸收合并之后，其市场认可度进一步提升，审计质量也在持续提高，更直观地表现为客户为追求高品质的审计报告愿意付出更高的审计溢价。

（2）属于天健东方的 21 家审计客户，同样出现了审计费用逐年上升的趋势。审计费用从 2006 年的 1 149.30 万元上升到 2013 年的 2 435.20 万元，增长了 1 285.90 万元，涨幅 111.89%，并且涨幅高于开元信德会计师事务所的 62.98%。可以看出天健东方事务所吸收合并了开元信德事务所之后，高效整合了原先两事务所的各种资源。事务所团队整体专业素质得到提高，并且有了充足的人力和时间来完成审计工作，因此审计质量与之前相比有所提高。

（3）我们还可以发现，合并当年（2009 年）开元信德会计师事务所的审计费用较上一年有了小幅下降（2008 年 10 家客户的审计收入共计 641.00 万元，而 2009 年的收入则为 631.00 万元）。观察这 10 家客户，我们可以发现其中有 8 家客户的审计收费未发生改变，仅两家稍有变化。审计收费小幅下降的原因有可能是因为客户在得知自己聘用的会计师事务所被合并之后，对其提供的审计服务质量持怀疑态度，换句话说还在观望之中。在 2010 年，有三家审计客户的审计收费有所提高，我们可以看出已经有客户愿意支付审计溢价了。再看 2011 年，审计费用增加的客户达到了 5 家，可以说合并后事务所的审计质量得到了一半客户的认可。

（4）与开元信德会计师事务所不同的是，浙江天健东方会计师事务所在合并当年审计收费就出现了提高。21 家审计客户的收费共增加了 211.80 万元，这其中有 13 家客户的审计收费都有了或多或少的增加，仅有一家稍有下降。之后每一年提高审计费用的客户都保持了这样的增加数(2010年、2011年、2012年有14家,2013年为13家)。可以说,合并后的天健会计师事务所得到审计客户的广泛信任,由于合并后审计团队更加专业化,审计时间和资源也更加充裕,顾客认为其品牌价值大大提高。他们相信事务所的品牌声誉越好,事务所就越不愿冒着品牌价值损失的风险为单个高风险客户负责。这样一来,事务所唯一能选择的就是提高审计质量,审计质量的提高会使客户公司的财务报表被更多利益相关者所认可,因此他们非常愿意支付这部分审计溢价。

前文的研究结果表明,从整体上来看,会计师事务所的合并能够提高审计收费。这种现象对于加强事务所的审计收费具有积极作用,同时可以减少事务所之间包括低价揽客在内的一些恶性竞争行为;合并可以提高事务所在行业中的竞争力和市场议价能力,对客户的经济依赖也会相应下降,经济独立性的提高使得审计报告的质量更有保障;合并能够加强事务所的风险防范意识以及风险控制能力,这对于维护注册会计师自身利益,促进注册会计师行业的健康发展具有重要的积极作用;事务所合并可以提高审计效率,有利于实现我国会计师事务所"做大做强"的长远目标,可以提升本土事务所的行业竞争力,使其在我国市场经济体系中更好地发挥独立审计的作用;事务所合并可以提高我国注册会计师的审计质量,可以有效提高我国独立审计市场的经营状况。

7.5 小　结

本章基于天健会计师事务所合并前后的相关统计数据,从审计延迟和审计收费两个指标,考察了浙江天健东方会计师事务所和开元信德会计师事务所之间进行的合并对审计质量的影响,并得到如下结论:

(1)从审计延迟的视角出发,通过对天健会计师事务所合并前后审计延迟情况进行分析后发现,事务所合并前后在审计延迟方面并没有明显减少。这说明会计师事务所的合并没有像预期的那样能够显著降低审计延迟、提高审计效率。至少在合并的初期,这种效应并不明显。在经过一定的整合期以后,这种效果可能会显现出来。另外,由于事务所合并以后,审计客户大量增加,给审计人员的工作提出了更高要求,在保证审计质量的前提下,审计人员只能投入更多的审计时间。

(2) 从审计收费的视角出发,天健会计师事务所经过合并后,审计溢价水平在不断提高,而且在合并的当年审计收费就有了一定程度的增加。这一方面是因为,外部投资者对企业财务信息披露的要求越来越高,审计人员需要花费更多的时间和精力去完成审计工作;另一方面则是因为审计客户对天健会计师事务所审计质量的认可。事务所合并以后,规模、人才队伍、各种配套资源更加完备,有能力承接更多的大型审计项目,越来越多的上市客户也意识到了天健会计师事务所的竞争优势,事务所在审计市场中的品牌声誉及市场认可度不断提高。

CHAPTER 8

我国会计师事务所组织形式变化的制度背景与理论基础

第 2 章至第 7 章考察了我国会计师事务所的合并对审计行为以及审计市场绩效的影响。如果说会计师事务所的合并主要与事务所的外延扩张有关，那事务所的组织形式则属于事务所的内涵建设范畴。无论是从企业合并理论的视角，还是从国外大型会计师事务所的发展历程来看，合并仅仅是企业规模扩张和发展的基础，如果企业在合并后不能很好地实现合并所带来的协同效应，则合并就可能失败。从我国会计师事务所的做大做强来说，合并仅仅是实现了会计师事务所的做大，如果不能在事务所的内涵建设包括事务所的组织形式选择上有大的突破，则可能无法真正实现事务所的做强。基于此，本研究的第八章至第十四章将围绕我国会计师事务所组织形式转制这一制度背景，分别考察其对事务所审计行为以及审计市场绩效的影响。其中，第八章是规范分析，主要考察了国外会计师事务所组织形式的演进、会计师事务所组织形式选择的经济学分析和我国会计师事务所组织形式的演进。第 9 章至第 12 章是实证研究，分别考察了我国会计师事务所从有限责任转制为特殊的普通合伙制对审计市场行为包括审计收费、审计生产效率和审计风险控制的影响，以及对审计市场绩效（以审计质量作为替代指标）的影响。第 13 章和第 14 章则是案例分析，分别考察了立信和信永中和两家会计师事务所组织形式变化后的经济后果。

8.1　国外会计师事务所组织形式的演进

会计师事务所的组织形式作为会计师事务所内部治理的重要内容，是会计师事务所从事各种经济活动的法律框架，不仅关系到事务所内部剩余索取权和剩余控制权在生产要素所有者之间的分配，还规范着会计师事务所与其他交易方进行交易时须承担的权利和义务。

国外会计师事务所的组织形式演变先后经历了早期的个人独资与合伙制为主，到公司制的采用、公司制的禁止和专业服务公司的引入，以及有限责任合伙制的广泛采用等几个阶段。①

随着机器大工业的出现,股份公司作为一种公司组织形式得到了广泛运用。股份公司内所有权与经营权的分离产生了对受托责任履行情况进行鉴证的需求。于是,以个人独资为主的会计师事务所大力发展起来。但随着企业规模的不断扩大,个人独资的会计师事务所由于人力和物力的欠缺无法满足大规模审计的需求,于是合伙制会计师事务所应运而生。当时,审计职业界也认为,注册会计师只有在像个人独资或合伙制这样的无限责任组织形式下才能独立地发表意见。

进入 20 世纪以后,随着被审计单位业务规模的不断扩大,以及审计需求的增加,对会计师事务所的规模也提出了更高的要求。但是,在合伙制组织形式下,由于合伙人之间需要承担连带责任,并且在重大问题上只有合伙人一致同意才能做出决策,这就阻碍了会计师事务所的发展。此外,针对注册会计师的法律诉讼案如伦敦大众银行案、金斯顿棉纺案以及克雷格控告安荣案等,也促使会计师事务所寻找降低自身法律责任的组织形式。由此,开始出现了与工商企业一致的公司制组织形式。但是,由于公司制的资合性质,不利用注册会计师作为专业人士的信誉的塑造以及独立性和负责任的态度,也引发了注册会计师行业内部的争论。此时,美国一些州明确禁止会计师事务所采取公司制的组织形式,但绝大多数州还是允许会计师事务所自由地选择不同的组织形式。

1929 年席卷整个西方世界的经济危机爆发以后,由于会计信息失真也被认为是此次危机爆发的主要原因之一,美国在 1933 年和 1934 年分别颁布了《证券法》和《证券交易法》,要求申请上市的公司和已经上市的公司的年度报表必须强制接受审计。这两个法案的颁布,使审计服务的需求大幅增长。与此同时,为保证审计质量,《证券法》和《证券交易法》也加重了对注册会计师的处罚力度。此时,在独立审计的需求市场中,由于部分公司主要是为了满足法律监管的要求而聘请注册会计师进行审计的,因此,对注册会计师的声誉、质量等并没有过高的要求,因而他们会选择那些收费比较低廉而又能满足法定要求的注册会计师。为了迎合这部分审计需求,部分会计师事务所和注册会计师开始通过减少审计的时间和预算以降低审计收费来占领市场。而这种以降低审计质量而占领市场的做法,必然使会计师事务所

---

① 陈汉文. 审计理论. 机械工业出版社,2009.

和注册会计师承担的风险增加,为此,部分会计师事务所开始通过采取公司制的组织形式以限制自己的赔偿责任。而这显然会损害注册会计师职业的声誉。于是,美国注册会计师协会于1938年在其颁布的职业守则中明确禁止会计师事务所以公司制的形式运作。

"二战"以后,除美国外,各国都面临着重建问题。为巩固优势地位并开拓国外市场,美国开始了大规模的国外援助及投资。而跨国公司的大量出现也促使会计师事务所扩大规模和网点,以提供及时有效的服务,而最有效的途径就是兼并当地的小型会计师事务所。但由于合伙制下合伙人之间须承担无限连带责任,因此,会计师事务所在扩张和兼合时必然要考虑很多的因素,如合伙人的执业质量与财产状况等,而这显然会影响会计师事务所的迅速扩张。另外,在合伙制下,合伙人的作用类似于公司的高管人员,但却不能被视为雇员,因此,收入必须要全部计入个人所得税的应税税基。为此,很多专业人士,包括注册会计师、律师等通过游说要求成立专业公司,这种组织形式保留合伙制的组织形式,但通过将合伙人转为公司的雇员可以避免税法的差别待遇。这种游说活动促使一些地方的州议会通过立法允许专业人士组建专业公司,但这一要求未获得美国注册会计师协会的认可。

20世纪六七十年代以后,随着消费者权益保护热潮的兴起,财务报告使用者对自身的权益了解更深,证监会维护投资者利益的意识和力度也加大了。60年代中期以后,针对注册会计师的法律诉讼形成了一股"诉讼风暴",从而促使美国注册会计师协会最终放弃了公司化的禁令。因为在恶劣的法律环境下,注册会计师为减轻责任只有两个选择,一是减轻现有的法律责任,二是直接退出这个行业。而美国注册会计师协会作为注册会计师行业的自律性组织,迫于行业内部的压力不得不在1969年放弃了公司化的禁令,允许会计师事务所成立专业公司。当然为了保证审计质量,美国注册会计师协会也对专业公司的运作规定了严格的限制条件。在这种严格的限制条件下,会计师事务所专业公司名为公司,实际上仍为合伙人的组织形式,仍然要求会计师事务所的股东必须对公司及雇员的行为承担连带责任,除非公司投保的职业险或留存收益足够保护公众的利益。① 由此,到 1969 年止,美国的会计师事务所组织形式除了个人独资、合伙之外,又增添了专业公司这种组织形式。

此外,美国怀俄明州于 1977 年颁布了第一部《美国示范有限责任公司法》。但这个有限责任公司(Limited Liability Company)实际上介于公司与合伙之间,实际上是融合了有限责任和公司灵活经营特点的一种公司组织形式,与我国公司法所称的有限责任公司(Limited Liability Corporation)并不是同一概念。在《有限责任公司法》下,有限责任公司可以采用成员的分散经营方式或经理的集中经营方式来运作企业。这实际上就是合伙制下会计师事务所共同经营的运营模式。但这一理念只有到 1988 年美国国税局裁定其在税法上的地位后,才在各州得到普遍立法以授予其合法地位。但是,由于美国注册会计师协会职业道德准则规定会计师事务所只能采用"个人独资、合伙或性质与协会理事会决议一致的专业公司",这一公司组织形式并未在注册会计师行业得到应用。

20 世纪 60 到 80 年代,注册会计师不断加大的法律责任使整个注册会计师行业遭受到巨大的压力。而 80 年代末席卷美国的储贷危机更是直接推动了美国会计师事务所组织形式的变革。1991 年美国德克萨斯州通过了美国第一部《有限责任合伙法》。而美国注册会计师协会迫于行业的压力,在《有限责任合伙法》颁布后不久即 1992 年就对职业道德准则进行了修改,取消了对会计师事务所组织形式的限制,允许会员采用性质与协会理事会决议一致的法律许可的任何组织形式。与此同时,由于有限责任合伙制只是普通合伙制的一种变形,因此各州也迅速通过了各自的《有限责任合伙法》,到 1998 年年末,美国所有的州及哥伦比亚特区都通过了自己的有限责任合伙法。在这样的法律背景下,会计师事务所也迅速行动,1994 年 7 月,世界"六大"会计师事务所中的"安永""永道""普华"三家会计师事务所联合宣布将由"合伙制"转制成为"有限责任合伙制"。到 1995 年年底,世界"六大"已全部完成转制工作。受美国这一政策的影响,世界很多国家包括英

---

① 当然,由于美国各州的立法不尽相同,有的州给予专业公司的股东有限责任的保护,而有的州仍然坚持专业公司的股东需要承担无限责任,而另一些州则在满足特定要求的情况下,如公司投保的职业险或留存收益达到某一数额,公司业主均是持有本州执照的执业注册会计师等,给予专业公司股东承担有限责任的特权。但是,这就限制了那些跨州执业的地区会计师事务所以及全国的会计师事务所采用专业公司的组织形式。

国、加拿大、法国、德国、澳大利亚等也先后颁布了各自国家的法律,允许会计师事务所组织形式可转制为有限责任合伙制。

8.2　会计师事务所组织形式选择的经济学分析

会计师事务所作为一个以人力资本为主要生产要素的企业组织,其组织形式的选择会涉及事务所内部剩余索取权的配置,有效的事务所组织形式应能保证生产要素所有者的契约得到最有效的履行。此外,会计师事务所组织形式的选择不仅与事务所内部各生产要素所有者的利益相关,而且还涉及注册会计师法律责任的承担,与会计师事务所之外的利益相关者的利益有直接的关联。[1]

审计是一个收集和评价证据以证明管理层的认定与既定的标准之间是否相符,并将结论传递给相关信息使用者的过程。在此过程中,涉及大量的职业判断。因此,对会计师事务所来说,人力资本的重要性远远超过财务资本,相对于一般工商企业的"资合"特征,会计师事务所具有明显的"人合"特征。既然注册会计师可以以自己的人力资本作为出资,因此应该拥有会计师事务所的剩余索取权,并实现自己的利益最大化。如果是个人单独执业,就可以采用个人独资形式。如果很多注册会计师合作开设会计师事务所,就必须保证每个人都拥有剩余索取权,因此,可以采用合伙制这一组织形式。

从监督成本的角度来说,根据阿尔钦和登姆塞斯的团队生产理论,企业优于市场的特征在于企业对要素生产率和报酬的计量能力以及对内部机会主义的监督能力要优于市场,因而能节约更多的交易成本。如何使会计师事务所的内部监督成本最小化,最有效的制度安排就是采取独资或合伙制的组织形式。由于审计过程中充满着大量的职业判断,因而,注册会计师的

---

[1]　陈汉文.审计理论.机械工业出版社,2009.

CHAPTER 8
我国会计师事务所组织形式变化的制度背景与理论基础

工作质量和勤勉程度很难被第三方监督,而最有效的方式就是让注册会计师进行自我监督并通过授予其剩余索取权,使其在追求自身利益的过程中实现对自身行为的约束。在独资制下,由于注册会计师可以获取的剩余直接与其提供的审计服务有关,因而其有最大的激励来监督和约束自身的行为。而在合伙制下,由于注册会计师提供的审计服务直接影响合伙人的收入,进而影响其个人收入,因此,可以直接对合伙人产生激励作用。

此外,从信息显示的角度来看,有效的组织形式安排应该能减少企业缔约各方的信息不对称现象,降低交易费用。从会计师事务所来说,由于审计过程充满着大量的职业判断,因而关于审计服务的质量在审计服务的供需双方之间存在着信息的不对称。在这种信息不对称的背景下,由于不同事务所组织形式下的注册会计师需要承担不同的法律责任,因而会向市场传递不同的信号。由于个人独资或合伙制下注册会计师需要承担无限责任,因而其实际上就向市场传递了可以提供高质量审计服务的信号,否则就可能因较低的审计服务质量而需承担极大的风险。因而,在一个有效的独立审计市场上,承担无限责任就是一个"纳什均衡",承担无限责任的会计师事务所(包括个人独资和合伙制)可以获得较高的职业声誉并增加自己的市场份额,而采取有限责任公司制的会计师事务所由于会被市场认为是低质量的审计服务提供者而被淘汰。

因此,在有效的独立审计服务市场上,个人独资和合伙制是实现事务所契约的执行成本最低、效率最高的制度安排,也是在自由竞争的环境下,注册会计师职业界自然选择的结果。

但是,随着注册会计师审计在大多数国家的上市公司中成为强制要求,审计服务审计中的无效审计需求也即主要为满足监管要求而寻求注册会计师审计服务的越来越多。在这种无效的审计服务市场中,部分会计师事务所和注册会计师就可能会选择损害财务报表使用者的机会主义策略,如减少审计的时间以降低成本,从而损害了审计的质量。因此,为保证注册会计师审计服务的质量,保护财务报表使用者的利益,美国注册会计师协会通过《职业道德准则》强制要求会计师事务所只能采取个人独资和合伙制两种组织形式。但是,随着会计师事务所规模的不断扩大,法律责任的不断加重,合伙制下无限连带责任的制度安排也呈现出越来越多的弊端,这就促使注册会计师职业界推动会计师事务所组织形式的创新,并导致1977年怀俄明州通过了《有限责任公司法》。但是,由于对注册会计师的法律责任界定过低而难以被社会大众所接受,影响了大型会计师事务所的采用。最后,注册会计师职业界最终做出妥协,并创造性地推出了《有限责任合伙法》。

8.3 我国会计师事务所组织形式的演进

改革开放以后,注册会计师制度在我国恢复重建。1980年,财政部颁布了《关于成立会计顾问处的暂行规定》,会计顾问处是一个办理会计公证和咨询等业务的独立单位,相当于今天的会计师事务所。当时恢复注册会计师制度主要是出于改革开放以后对中外合营企业的外方出资情况以及合营合同的履行情况进行监督的需要。因此,当时组建的会计师事务所主要以国有经济为基础,其所承担的责任范围主要是有限责任。1986年,国务院颁布《注册会计师条例》,明确规定会计师事务所是"经国家批准的事业单位",并且规定,注册会计师必须加入会计师事务所,才能接受委托办理业务,也即注册会计师不能个人单独开业。因此,这一期间,我国的会计师事务所所需承担的责任范围基本上是有限责任。

1992年,我国正式确立建设社会主义市场经济体制以后,为应对新环境的要求,1993年,全国人大常委会通过了《注册会计师法》。在该法案中明确规定,会计师事务所可以采取合伙制和有限责任公司制两种组织形式。为了保证合伙制这一会计师事务所新的组织形式的有效实施,财政部于1993年12月专门印发了《合伙会计师事务所设立及审批试行办法》。在这一阶段,由于会计师事务所主要实行的是挂靠体制,因此事务所的风险意识比较淡薄,政府对事务所的行政干预比较严重,做假行为屡禁不止。为此,1998年以后,财政部和中国注册会计师协会先后出台了一系列政策措施,要求全国所有的会计师事务所在2000年之前必须与挂靠单位在人员、财务、业务、名称等四个方面进行脱钩,并改制为由注册会计师发起设立的合伙制和有限责任制事务所。从组织形式的选择看,脱钩改制后的会计师事务所大都采取了"有限责任公司制"的组织形式,这种发展格局一直延续了10年。据统计,截至2010年7月,我国共有会计师事务所6 892家(不含分所),其中采取有限责任公司制组织形式的会计师事务所4 428家,占64%。

进入新世纪以后,随着美国安然公司、世通公司、施乐公司,以及国内的银广夏公司、蓝田股份公司等舞弊案的发生,注册会计师行业再次成为公众关注的焦点,而会计师事务所的组织形式也成为大家关注的热点问题。为此,我国于2006年修改了《合伙企业法》,允许特殊行业采用特殊的普通合伙制。深圳经济特区则于2007年对《深圳经济特区注册会计师条例》进行了第二次修订,率先对会计师事务所组织形式的变革进行了试点。其中,关于会计师事务所的组织形式,率先提出取消公司制的有限责任事务所和个人独资事务所,规定会计师事务所的组织形式为合伙制会计师事务所,合伙制的具体形式又包括普通合伙制和特殊的普通合伙制两种。2008年2月,财政部发布了《注册会计师法(修正案)》的征求意见稿,征求意见稿对会计师事务所的组织形式进行了重新规范,规定可以设立个人独资、合伙和有限责任会计师事务所,合伙包括普通合伙和特殊合伙。2010年1月,财政部和国家工商总局联合发布了《关于推动大中型会计师事务所采用特殊的普通合伙组织形式的暂行规定》。①

特殊的普通合伙制下,会计师事务所的一个合伙人或者数个合伙人在执业活动中因故意或者重大过失造成合伙企业债务的,应当承担无限责任或者无限连带责任,而其他合伙人以其在合伙企业中的财产份额为限承担责任;合伙人在执业活动中非因故意或者重大过失造成的合伙企业债务以及合伙企业的其他债务,由全体合伙人承担无限连带责任;合伙人执业活动中因故意或者重大过失造成的合伙企业债务,以合伙企业财产对外承担责任后,该合伙人应当按照合伙协议的约定对给合伙企业造成的损失承担赔偿责任。

特殊的普通合伙制保留了普通合伙共同出资、共同经营、共担风险、共享利润、"两税"合一等"人合"因素及合伙人之间承担无限连带责任,以合伙人的个人财产和诚信为抵押,人身依赖关系通过合伙协议得以具体化等"人

---

① 其中,大型会计师事务所是指在人才、品牌、规模、技术标准、执业质量和管理水平等方面居于行业领先地位,能够为我国企业"走出去"提供国际化综合服务,行业排名前10位的会计师事务所。中型会计师事务所是指在人才、品牌、规模、技术标准、执业质量和管理水平等方面具有较高水准,能够为大中型企事业单位、上市公司提供专业或综合服务,行业排名前200位的会计师事务所(不含大型会计师事务所)。规定还明确说明,会计师事务所转制为特殊普通合伙组织形式,应当有25名以上的合伙人、50名以上的注册会计师,以及人民币1 000万元以上的资本。

合"的基本特征,同时在责任上又兼容了"资合"特征。这种对无过错责任的合伙人的责任限定,是对有限责任制下"资合"因素的保留。与有限责任公司制组织形式相比较,特殊的普通合伙制具有以下优点:

一是可以打破有限责任制下股东人数的限制,有利于事务所规模的扩大。随着我国注册会计师行业的发展,会计师事务所的规模不断扩大。但有限责任制下股东人数最多为 50 人的限定使得出资人不可能无限增加,阻碍了事务所规模的扩大。而特殊的普通合伙制打破了有限责任制对事务所股东人数的限制,为会计师事务所规模的扩大提供了合法的模式。此外,特殊的普通合伙制可以充分调动会计师事务所优秀的注册会计师的积极性。会计师事务所具有典型的"人合"特征,优秀的人才在会计师事务所的发展中起着非常重要的作用,事务所的发展离不开人才。但在有限责任制下,受《公司法》下有限责任公司股东不得超过 50 人的规定的限制,大中型事务所员工的积极性被严重削弱。一批专业能力较强、工作业绩突出的中青年业务骨干因缺乏上升空间而对事务所的认同感和归属感下降,导致事务所人才流失较为严重,从而影响到事务所的长期稳定和健康发展。而特殊的普通合伙制在调动事务所员工特别是中青年人才积极性方面的作用,可以让事务所内部形成层次分明、科学合理、良性循环的人才梯队。

二是适应行业管理的特定要求。根据注册会计师法,会计师事务所的设立必须由符合资质条件的自然人出资。出资人不符合资质条件的,则应当退出或转让其出资,否则该事务所就不符合法定设立条件。但是,由于公司法规定有限责任公司的股东不能退股而只能转让,因此,当会计师事务所的股东因经营理念不合等原因而需要离开或者当股东不再满足资质条件时,就可能因无法达成股权转让协议而让矛盾激化,影响事务所的稳定。但是,如果采用特殊的普通合伙制组织形式,那么根据合伙企业法律制度的规定,当合伙人不再符合资质条件时,合伙人可以退伙,并就退伙的结算原则做出了规定。因此,特殊的普通合伙制的采用,可以让事务所出资人进退自由,有利于维护事务所的团结稳定。

三是可以合理地降低股东的税收负担。在有限责任制下,股东在承担个人所得税的同时还须承担企业所得税,因此,税负相对较重。而在特殊普通合伙制下,根据合伙企业法的相关规定,合伙人可以分别缴纳所得税,从而解决了有限责任制下的双重纳税问题,可以有效缓解股东(合伙人)的税收负担。

四是有利于克服股东至上的治理难题。有限责任制下,事务所的控制权与收益分配权主要是依据出资多少决定的。由此,就有可能造成事务所股东凭借自己的股东身份,过分强调事务所的决策权与收益分配权而忽视自身的执业能力和执业风险。甚至以暗股等形式成为股东,导致部分事务所内部利益关系错综复杂,管理混乱,执业风险变大。此外,个别事务所由于"一股独大",家庭化和家长制色彩浓厚,影响了员工的积极性和事务所的持续健康发展。而特殊的普通合伙组织形式更加强调"人合"而淡化了"资合"特征,强调合伙人责权利的统一,把全体合伙人连结为休戚与共的利益共同体,有利于形成合伙人集体决策、集体管理、和谐高效的良好局面。

五是有利于提高会计师事务所的执业质量。有限责任制下,事务所以其全部资产对其债务承担有限责任,股东以其在公司所占的股份承担有限责任,事务所与注册会计师承担的责任都相对较轻,有可能导致注册会计师违规操作,不利于执业质量的提高。而特殊的普通合伙制在风险控制上很好地弥补了这一缺点,有利于提高会计师事务所的执业质量和职业道德水平。

相对于普通合伙制,特殊的普通合伙制会计师事务所具有以下优点:

一是可以控制风险,保障了无过错的合伙人,有利于事务所规模的扩大。普通合伙尽管没有合伙人数量限制,但是在普通合伙制下,由于大中型事务所执业地域不断扩大,服务分工不断细化,事务所合伙人必然将主要精力放在各自所承办的业务方面,合伙人之间的沟通交流客观上会受到一定限制,更重要的是合伙人的无限连带责任风险也急剧变大,从而制约了会计师事务所扩大规模的积极性。特殊的普通合伙制有条件地确立了事务所合伙人的有限责任,允许多数合伙人对其他一个或数个合伙人因故意或重大过失造成的合伙债务不承担无限连带责任,从根本上强化了对无辜合伙人的保护,有利于风险控制,并可以提高其扩大业务规模的积极性。

二是可以提高会计师事务所的工作效率。按照合伙法的规定,每个合伙人都被认为是合伙制的代理,因而在表面上或形式上都拥有代表普通合伙制签订任何法律协议的权利。随着会计师事务所规模的扩大,合伙人数目增多,合伙人之间很难进行相互监督甚至也缺乏了解,这就给事务所的管理和事务的执行带来诸多复杂问题。而在特殊的普通合伙制下,由于合伙人之间有条件地割断了相互间的连带责任,不需要像普通合伙制会计师事务所那样由全体合伙人商量通过所有决议。因此,虽然特殊普通合伙制会计师事务所也是实行一人一票制,但可以在合伙人之间选出决策层人员,除重大事情需由全体合伙人一同决策外,一般由决策层人员决定,这样工作效率自然会有所提高。

三是有利于会计师事务所的融资。普通合伙制组织形式在法律上并不拥有项目的资产,故合伙制的事务所在安排融资时需要每一个合伙人同意将项目中属于自己的一部分资产权益拿出来作为抵押或担保,并共同承担融资安排中的责任和风险。因此,在普通合伙制下,投资者的风险较大,会计师事务所融资活动也比较困难。相比较而言,在特殊普通合伙制下投资风险由债权人与合伙人共同承担,这使得合伙人投资的预期成本大大降低。人们是否选择投资取决于其对投资的预期获利与预期损失的比较,当预期获利大于预期损失时,人们就会选择投资,即使实际上的损失有可能大于企业资产,也通常不会影响人们的投资决定。特殊普通合伙制正是一种能让投资者私利得到最大满足而更加积极的高效制度,因而其更有利于资金的筹集。

8.4 会计师事务所组织形式变化的理论基础与分析

8.4.1 会计师事务所组织形式变化的理论基础

8.4.1.1 "深口袋"理论

"深口袋"理论,也即保险理论,指会计师事务所自愿将盈利中的一部分收入支付出去,作为分散自身风险的费用,这个费用称作为保险费用。在此理论之下,审计旨在分摊风险,会计事务所变成了财务报表质量的保证人。因此,审计质量的保证往往以会计师事务所的财产为基础,财务报表信息使用者如果由于财务报表的差错而出现相应的损失,不会去追究差错的真正根源,而是直接要求会计师事务所进行一定的赔偿。

80年代以来,针对注册会计师行业的法律诉讼案件不断增加,"深口袋"

理论导致事务所承担赔偿责任很大,金额日趋增多。这无形之中加大了会计师事务所的法律责任,事务所的财产被当成审计质量的保证,但也保证了会计师事务所的职业独立性,并促使会计师事务所倾向于保守行事。

根据"深口袋"理论,不难得出会计师事务所规模的不断扩大势必也会导致其遭受较大的诉讼赔偿,所以,为了防止高额的赔偿案件的发生,事务所出于谨慎性目的,往往会提高其审计报告的质量以防范风险。因此,为了防范审计风险,会计师事务所转制为特殊普通合伙制后会在很大程度上提高自身的审计质量。

8.4.1.2 "声誉"理论

市场信息传递机制的不健全,导致消费者无法得到充分的信息来辅助其对一个事物的判断,因此常常会出现判断偏差。此时,过去产品的质量就成为消费者判断该产品未来质量的依据,这也解释了所谓的声誉理论。因此,声誉的信号传递机制是以信息不对称为前提的。声誉是一种信号传递机制,在审计市场中,根据各个事务所向外界传达的声誉,外部信息获取者可以据此来区分事务所提供的审计服务的质量。好的声誉和口碑可以给事务所带来丰厚的回报。但是,好声誉的建立不是一蹴而就的,它需要日积月累,并且由于声誉的脆弱性,往往一次危机就可以让长期建立起来的高大形象一夜之间销声匿迹。"安然事件"让"五大"之一的安达信毁于一旦,声誉的传递机制使其破产倒闭。所以,声誉理论的存在也鼓励着事务所不断提高其自身审计服务水平。

事务所组织形式的转变提高了其自身的法律责任和审计风险,为了防止事务所审计业务带来的危机导致事务所声誉的恶化,明智的事务所通常都会选择提高自身审计服务的质量,而事务所审计服务质量的提高又反过来要求其选择更合适的审计客户,这样一来,双向选择就产生了。

DeAngelo(1981)在声誉理论基础上建立了审计质量与事务所规模的关系。研究发现,"准租"在会计师事务所与其审计客户之间长期存在。客户更换会计师事务所,一方面会增加公司成本,同时对后一家公司也会有费用上的增加,所以,在客户承接方面,现任所比后任所在成本上更有竞争性,这就是所谓的"准租"。"准租"保证了事务所提供高质量审计服务的可能性,因为事务所如果为某一客户提供了低质量的审计服务,并且此行为导致了危机并且为大多数客户所感知,那么这家事务所就很可能损失其原本现任的一些审计客户,从而失去大部分"准租"。会计师事务所自身的规模越庞大，提供审计服务的客户数量也就越多，"准组"平分到每一个客户的比例就越小，那么会计师事务所很少会屈服于一个事务所而做出丧失独立性的行为或不恰当的审计服务，这样"准租"为其提供高质量审计服务提供了担保。

言而总之，声誉理论指出，大规模事务所拥有更大更好的声誉，如果事务所出于机会主义动机而提供低质量审计服务，那么其面临的相应声誉损失也是很大的。正是声誉理论的激励，促使大型会计师事务所更愿意提高审计服务质量。

8.4.1.3 规模经济理论

会计师事务所规模越大，其专业性越强，承接大项目的能力就越强，分析问题发现问题的能力也更强。会计师事务所强调"人合"，重视从业人员的专业性，对员工进行针对性辅导，来保证从业人员的专业素质和胜任能力；然而，小规模事务所受其自身经济实力以及专业人员培养体制的影响，很少会为员工提供高质量的培训。大规模会计师事务所有承接大项目的能力，面对的客户数量较多，因此在面对不同的客户需求时也增长了自身多样性的经验和能力。另外，大规模事务所部门分工较细，不同部门员工之间的经验交流更加频繁，这些都使得大型会计师事务所的行业专门化程度更高，而小所却相比弱得多。

大规模事务所具有承接大项目的能力。近年来，企业规模扩张迅速，企业集团、跨国公司的审计服务要求较多也很深奥复杂，会计师事务所因此会面临巨大的挑战。面对这样的挑战，大型事务所相比小型所表现出更多的自信，因为规模大的事务所资金实力雄厚，从业人员数量多、专业能力强，事务所内部网络资源完善，这让大所在面对大客户的业务承接上表现出比小所更强的竞争力。

8.4.2 会计师事务所组织形式变化的经济后果：基于供给视角的理论分析

审计质量如何定义，目前仍没有一个明确的答案，各国对审计质量的解释亦是有差异的。美国会计师行业是这样解释的："审计师以公认审计准则为依据实施审计，以此合理确定会计信息，并且其披露按照公认会计原则表述,不存在舞弊导致的重大错报。"齐默尔曼和瓦茨[1]强调审计质量中注册会计师的强大作用,其专业胜任能力保证了事务所的独立。

本书在总结前人研究的基础上,采用审计报告质量来衡量事务所审计产品质量。所以,本书中所指的审计质量就是指对被审计单位财务会计报告的审计准确性程度。站在会计师事务所的立场,可以把法律责任与审计质量之间的关系用四种组合来体现,如表 8-1 所示。

表 8-1 事务所审计报告质量与风险

审计质量	法律风险	
	① 高风险、低质量	② 高风险、高质量
	③ 低风险、低质量	④ 低风险、高质量

由上表可知,第①种情况在现实中发生的可能性不大,几乎不会有事务所在面临较高的审计风险时还会提供较低的审计服务,这样的事务所是无法存活的。最理想的情况当属第②种,较高的法律责任要求事务所有必要提供高质量的服务。而第③和第④种状态是事务所经常出现的情况。会计师事务所组织形式从有限责任制等其他形式改变为特殊普通合伙制,提高了自身法律责任,这对事务所是一个警示。

当前,由于法律制度的不完善,会计师事务所发生违法违纪事件时遭遇诉讼风险的机率不高。所以,会计师事务所出于机会主义动机,会采取一些违规手段来降低自身的业务成本,出于节约成本的考虑而提供低质量的审计服务。所以,一般来说,审计质量和法律责任呈正相关关系,因此,本研究认为,事务所转制强化了法律责任,也会提高其审计质量。会计师事务所在面临法律责任和客户资源时进行着一场"博弈",但是,如果给事务所施加较高的法律责任,风险的提高会促使事务所自觉提升审计质量,审计质量的提高又稳定了其在行业中的地位。

注册会计师作为经济人,出于自身利益的考虑,为增加事务所营业收入或为防止客户流失,迫于被审计单位的压力,很可能会基于机会主义行为而发表不恰当的审计意见,导致错弊的出现,这势必会降低事务所的审计服务质量。此时,会计师事务所高层再施压于执业人员的话,法律风险由此就会产生。

---

[1] 齐默尔曼,瓦茨.陈少华.译实证会计理论.东北财经大学出版社,2000.

所以,会计师事务所出于自身利益最大化的目的,往往会选择更有利于自身综合发展的特殊普通合伙制的组织形式。事务所转制后,特殊普通合伙制对合伙人的要求进一步提高,合伙人出于自身法律风险的考虑,往往会提高自身的审计服务质量来规避责任。注册会计师就不会受被审计单位管理层的压力影响而提供低质量的服务,相反,他们会提高审计服务质量,降低法律风险来防止错弊。

8.4.3 会计师事务所组织形式变化的经济后果:基于需求视角的理论分析

8.4.3.1 会计师事务所转制与客户选择

事务所对外最直接的接触对象便是客户,客户与事务所之间良好的关系是实现自身盈利目的的前提。客户关系管理在会计师事务所中的运用主要在客户保持和客户承接上。会计师事务所作为一个独立的中介机构,其存在的根本目的就是为客户提供一系列审计服务。高质量的审计服务可以为其赢取高额收入,另外客户质量也一定程度上决定了事务所的收入情况。所以,本研究中的审计客户关系管理主要是指事务所转制引起的新客户的流入以及老客户的流失,主要探讨在转制背景下,事务所法律风险增加的同时,会不会在客户选择上做出努力来规避审计风险;也试图了解转制是否提高了事务所的品牌认知度,是否会带来新客户的转投。

转制引起的客户选择现象,会给事务所的客户结构带来变化。客户结构调整是指会计师事务所的审计客户在数量以及比重上的变化。事务所客户结构理论分析是以"准租"理论为基础的,如果某家事务所的全部业务集中于一家或几家公司时,那么这一家或几家公司在供给关系中处于优势方,会计师事务所处于劣势方,因为准租理论导致这一家公司或几家公司几乎决定了事务所全部的营业收入。反之,如果事务所不断增加审计客户数量,自身的规模不断扩大,那么事务所就很难被一家或仅有的几家公司的行为所左右,当会计师事务所的客户数量达到一定规模时,单独的一家客户所带来的"准租"将显得很小。这样的客户在供给双方中也就不会占据主导地位,事务所也不会为争取此类客户而做出机会主义行为来降低自身的独立性,因为放弃独立性给事务所带来的损失比赢得客户的收入多得多。

综上所述,当一家会计师事务所扩大到一定规模,客户数量达到一定程度时,会计师事务所在供给双方中会改变原先的弱势局面,而握有更大的话语权,有机会也有意愿去选择更适合自己的客户。也不会为了留住某些风险客户而去改变事务所的风控策略和监管措施。客户数量越多,事务所保持独立性的程度也就越高,那么就能保持稳定的审计水平,这有助于形成良好的品牌声誉。事务所转制对客户结构带来的选择性变化如图8-1所示。

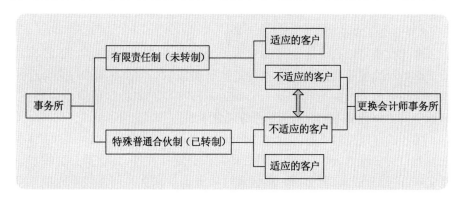

图 8-1　客户流向图

基于特殊普通合伙制的特性,本研究认为事务所转制为特殊普通合伙制后,法律责任提高,其在筛选客户时也会做相应的改变。转制后,在增加的法律诉讼风险面前,事务所在相对较高的法律责任下,在承接高风险客户业务时往往会更加谨慎,在选择审计客户时也会相应考虑更多的因素。会计师事务所会更加重视审计客户自身的风险水平,由于高风险客户在公司治理、公司财务以及人员管理方面都或多或少存在着较高的风险,事务所面临诉讼风险的可能性也较大,事务所承担法律赔偿的概率也就较高。转制后,公司经营风险给事务所带来的损失较转制前有较大的提高。因此,事务所在承接客户时往往会从多方面考量客户的情况,选择客户时更加谨慎,往往更愿意选择那些自身质量较好的企业作为审计客户。

通常,事务所客户可以作以下分类:长期合作的客户、转投他所的客户和新客户。图8-1展示了这三类客户的流向。事务所转制后,这三类客户会根据自身公司的需求来考虑聘用合适的事务所,或者续聘或者转投。事务所同时也会以新的标准重新考量审计客户,选择适合自己的服务对象。转制后,事务所原来的老客户不仅仅会考虑事务所审计质量的提高,往往也会把转制后的审计费用作为因素加以考虑,如果两方面都合适,那么还是会选择续聘;如果对其中某个因素有所顾虑,这些公司可能会选择转投他所。而新客户会考虑对审计质量的需求,从而来决定是否选择组织形式为特殊普通合伙制的事务所。基于以上分析,本研究认为事务所转制提高了其自身法律责任,高诉讼风险影响其审计行为,从而会提高审计服务质量和审计收费,这些往往会影响到事务所原有客户的态度,事务所也会做出更适合自身的选择。

8.4.3.2 事务所转制与审计收费

审计收费可以简单地定义为事务所为被审计客户提供服务,审计客户给予事务所的服务费用。审计收费是审计供需双方博弈的结果,即会计师事务所与上市公司的博弈结果。Simmunic(1980)在审计定价模型中指出:审计费用由审计成本和风险溢价两个方面构成。

随着法律制度的不断健全,法律环境日益严格,事务所在提高的法律责任面前会更加谨慎,也相应会采用更多的审计服务程序,而这势必会增加审计成本,这部分成本,事务所一般会通过审计溢价来弥补。在较宽松的法律制度下,事务所出于机会主义行为,也会通过放松执业行为、简化审计过程而降低审计成本。

事务所组织形式从有限责任制等其他形式转变为特殊普通合伙制后,其自身的法律风险会增加,为了防止事务所由于审计违规而承担较大的法律责任,其就会通过规范自身的行为来规避风险。因此,审计人员在执行审计业务时就会采取更加保守谨慎的行为。而审计程序的严格化势必会导致事务所审计成本的上升。此外,此组织形式在提高审计质量的同时,由于审计程序的增加,也肯定会通过提高其审计服务收费来弥补所发生的高成本。

会计师事务所在有限责任制下,以其出资额为限承担有限责任,而不需要承担无限责任,因此承担的法律责任较低,法律风险不高。作为"经济人"的会计师事务所为了获得较高的市场占有率,往往会进行价格竞争,低价揽客的情况时有发生。事务所为了降低审计成本,通常会减少审计程序,降级审计服务水平,而这些程序的减少势必会带来审计风险,审计质量也会由此下降。

会计师事务所组织形式变成特殊普通合伙制后,其审计风险增加,这就要求事务所提供比之前更严格的审计程序来保证审计质量,而这又会增加事务所的工作成本,所以,本书认为事务所转制会导致审计收费水平的上升。

CHAPTER 9

会计师事务所组织形式变化与审计收费

为提高我国会计师事务所的竞争力,实现会计师事务所的做大做强,培育具有国际竞争力的内资会计师事务所,中国注册会计师协会于2007年先后发布了《关于推动会计师事务所做大做强的意见》和《会计师事务所内部治理指南》,国务院办公厅也于2009年转发了财政部《关于加快发展我国注册会计师行业的若干意见》。根据这些文件的精神,我国会计师事务所应从外延和内涵两方面,通过合并与内部治理的完善来提高事务所的竞争力,实现事务所的做大做强。其中,对作为事务所内部治理重要组成部分的事务所组织形式进行转制,就是完善事务所内部治理的重要内容。根据目前《注册会计师法》的规定,我国会计师事务所只允许采取有限责任制和合伙制两种组织形式,因而大部分会计师事务所都采用了有限责任制。[①] 但由于有限责任制的制度缺陷,限制了事务所进一步发展和真正地做大做强。为此,财政部和国家工商行政管理总局根据《中华人民共和国合伙企业法》《会计师事务所审批和监督暂行办法》(财政部令第24号),制定了《关于推动我国大中型会计师事务所采用特殊普通合伙组织形式的暂行规定》,要求大中型会计师事务所应转制为特殊的普通合伙组织形式。

作为会计师事务所内部治理的重要内容,事务所的组织形式不仅关系到事务所内部剩余索取权和剩余控制权在生产要素所有者之间的分配,还规范着会计师事务所与其他交易方进行交易须承担的权利与义务。因此,事务所的组织形式变化可能会对事务所的市场行为,进而对审计市场的绩效即审计质量产生影响。从本章开始,我们将分别从风险控制、审计收费和审计生产效率三个角度,实证考察我国会计师事务所组织形式的变化对审计市场行为的影响。第12章则考察了会计师事务所组织形式的变化对审计市场的绩效(以审计质量作为替代变量)的影响。

从理论上说,会计师事务所从有限责任制转制为特殊的普通合伙制后,有利于打破有限责任制下股东人数的限制,提高注册会计师的积极性;可以降低股东的税收负担;更加适应行业管理的特定要求;可以克服股东至上的治理难题,从而促进会计师事务所的做大做强。但与此同时,股东变为合伙

---

① 根据中注协的统计,截至2009年年底,会计师事务所前百强中,组织形式为有限责任制的会计师事务所为96家,只有4家会计师事务所采取普通合伙制的组织形式。

人,股东所须承担的责任也从有限责任变为合伙人的无限责任①,合伙人须承担的风险显著增强。因而对风险与质量控制提出了更高的要求,而这必然会对审计收费产生影响。按照产业研究的"结构—行为—绩效"研究范式,审计收费作为重要的审计行为,会对独立审计市场的绩效,也即独立审计公司治理功能的发挥产生重要影响。如果会计师事务所从有限责任制向特殊的普通合伙制的转制,能够使会计师事务所的审计收费更加规范,减少事务所之间的恶性价格竞争,显然对于促进我国会计师事务所的做大做强和注册会计师行业的持续健康发展具有重要意义。那么,会计师事务所的转制影响审计收费了吗?

基于此,本章以国内四家具有 H 股审计资格并率先完成全部改制手续的会计师事务所为样本,考察了会计师事务所组织形式从有限责任制转变为特殊的普通合伙制对审计收费的影响。

9.1 文献回顾、理论分析与研究假说的提出

根据"结构—行为—绩效"的产业研究范式,审计行为会对独立审计市场的绩效,即独立审计的公司治理功能的发挥产生重要影响。而审计收费作为审计市场行为的重要组成部分,对于独立审计市场的运行具有重要意义。一般来说,审计收费主要由三部分组成,一是审计成本,包括会计师事务所从承接业务开始到出具审计报告止的审计程序的成本;二是对审计风险的预期损失的补偿,由于会计师事务所存在诉讼风险与监管风险,因而存在预期损失的可能性,需要提前通过审计费用加以补偿;三是正常的会计师事务所利润。

---

① 一个合伙人或者数个合伙人在执业活动中因故意或者重大过失造成合伙企业债务的,应当承担无限责任或者无限连带责任,其他合伙人以其在合伙企业中的财产份额为限承担责任。合伙人在执业活动中非因故意或者重大过失造成的合伙企业债务以及合伙企业的其他债务,由全体合伙人承担无限连带责任。

从理论上说,会计师事务所组织形式从有限责任制转制为特殊的普通合伙制,会对审计收费产生以下影响:(1)由于会计师事务所组织形式从有限责任制转制为特殊的普通合伙制,合伙人所须承担的责任从有限责任转变为无限责任(包括其他合伙人非故意或重大过失下的无限连带责任),会计师事务所与注册会计师所须承担的风险显著增强。因此,作为对增加的审计风险的补偿,在其他条件不变的情况下,会计师事务所应收取更高的审计费用。(2)由于转制,事务所与注册会计师所承担的风险显著增强,对审计质量也提出了更高的要求。为保证审计质量,审计项目组可能需要对审计程序的性质、时间和范围进行调整,以降低审计检查风险,而这可能会增加审计成本,也需要通过提高审计费用加以补偿。(3)事务所转制后,注册会计师承担的风险显著增强,根据风险与收益相对等的原则,会计师事务所和注册会计师必然要求获得更多的收益,因此,也可能会通过对审计费用的调整以增加事务所的利润和注册会计师的利益。

围绕着会计师事务所组织形式对审计收费的影响,国内外文献进行了分析。从国外的文献来看,Dye(1995)认为审计质量、注册会计师的法律责任与会计师所拥有的财富是直接相关的。通过一个均衡模型,文章研究了公司制的采用可能会对审计市场的行为、结构与绩效产生的影响,结果发现,规模大、资本多的会计师事务所如果采用有限责任制,将会导致事务所的质量降低,而小型的资本少的会计师事务所为保持自己的市场份额将不会选择有限责任制;无限责任合伙制的采用将会阻碍大型会计师事务所进入审计市场,但如果允许有限责任制采用,则会导致审计市场的激烈竞争并使均衡的审计费用下降。

从国内的文献来看,由于 2010 之前我国会计师事务所可以采取普通合伙制和有限责任公司制组织形式[①],所以大部分会计师事务所都采用了有限责任的组织形式。关于会计师事务所不同组织形式可能产生的经济后果包括对审计收费的影响,主要以规范研究为主,研究内容包括对国外会计师事务所组织形式的发展演进进行介绍,对不同会计师事务所组织形式的优缺

[①] 现行《注册会计师法》第二十三条、第二十四条分别规定了会计师事务所的两种组织形式,一是合伙制,二是有限责任制。除此之外,深圳市根据《深圳经济特区注册会计师条例》,可依法设立个人会计师事务所、特殊普通合伙会计师事务所,但这两种组织形式还主要限于深圳市。新修订的《合伙企业法》增加了一种新的"特殊的普通合伙"组织形式。这是专为会计师事务所等专业服务机构设定的,是在普通合伙基础上的一种制度创新。

点进行分析,以及对我国会计师事务所应采取的组织形式进行分析与建议等。只有较少的文献对此进行了实证和模型分析。徐慧(2006)以深市上市公司作为研究样本,考察了会计师事务所的组织形式与审计收费的关系。研究发现,事务所组织形式对审计收费不具有重大影响。但研究样本较小(样本为295个),影响了其研究结论的可靠性;此外,由于当时国内会计师事务所未允许使用特殊的普通合伙制,因而其研究只分析了普通合伙制和有限责任公司制组织形式对审计收费的影响。

综合来看,关于会计师事务所组织形式对审计收费的影响,实证研究文献较少,而我国会计师事务所的大规模转制则为此提供了一个很好的研究机会。从我国审计市场的发展现状来看,我国的审计市场并未形成寡头垄断的市场结构,尽管"四大"会计师事务所的营业收入位列我国会计师事务所营业收入的前四名,但无论是按照审计收入还是客户资产所占比重来计算,"四大"在证券审计市场的份额都未超过50%,远低于80%多的美国以及其他市场份额更高的国家。此外,从绝对数来看,我国拥有超过6 000多家会计师事务所,以及44家(截至目前)具有证券资格的会计师事务所,审计市场的竞争还很激烈,恶性竞争、低价揽客行为也时有发生,独立审计的收费行为还有待进一步规范。会计师事务所组织形式的转变,一方面,加大了会计师事务所与注册会计师的法律责任,在一定程度上可以抑制事务所为了招揽客户而压价竞争的行为,使独立审计的收费更加规范;另一方面,通过事务所组织形式的转变,可以促进事务所做大做强,减少对客户的经济依赖,提高审计的独立性,减少客户的压价行为,从而使审计收费能真正体现独立审计的功能与价值。基于上面的分析,我们提出研究假说1:

研究假说1:会计师事务所从有限责任制转制为特殊的普通合伙制后,审计收费有显著的提高。

按照"结构—行为—绩效"的产业研究范式,审计收费作为审计市场行为的重要组成部分,对于独立审计市场的绩效即独立审计的公司治理功能的发挥具有重要影响。我国独立审计市场的发展时间较短,独立审计市场相对于美英等西方发达国家的寡头垄断审计市场,市场集中度不高,审计市场的竞争较激烈,低价揽客、恶性压价竞争行为也时有发生。而且,有限责任组织形式的广泛采用也加剧了这种行为。如果会计师事务所组织形式从有限责任制向特殊的普通合伙制的转换能够规范独立审计市场的收费行为,减少不正当的价格竞争,对于促进独立审计的绩效显然具有重要的意义。

审计市场从需求方角度可以被细分为大客户市场和小客户市场。那么,会计师事务所组织形式的转变对审计收费的影响在大客户市场与小客户市场之间是否存在差异?从理论上说,会计师事务所组织形式的转制对审计收费的影响可能在小客户市场上体现得更为明显,一方面,对于大客户,会计师事务所具有经济依赖,因此,尽管会计师事务所组织形式的转换使事务所与注册会计师承担的风险显著增强,同时,为保证审计质量,需要调整审计程序的性质、时间和范围从而可能使审计成本增加,但由于经济依赖的存在,事务所为保住客户可能并不会显著提高审计费用。不过,对于小客户而言,事务所由于更强的议价能力,因而可能会显著提高审计费用,以作为审计成本与风险溢价的补偿。另一方面,对于大客户而言,尽管由于事务所组织形式的转换使事务所承担的审计风险与审计成本显著提高,但由于组织形式的转换能够激发注册会计师的积极性与主动性,加之特殊的普通合伙制的采用对事务所规模的促进作用,审计的规模效应和范围经济将更有可能得到体现,因此,在一定程度上抵消了相应的审计成本与风险,因此,事务所可能不会提高审计费用。可是,对于小客户来说,这可能无法实现,因此,事务所转制后可能会提高审计费用。基于以上分析,我们提出研究假说2:

研究假说2:在大客户市场上,会计师事务所从有限责任制转制为特殊的普通合伙制后审计收费没有显著的提高;在小客户市场上,会计师事务所转制后审计收费会有显著提高。

9.2 研究设计

9.2.1 会计师事务所组织形式转制案例选取

本章以具有 H 股审计资格并在 2011 年年底前率先完成转制的 4 家国内大型会计师事务所(分别是立信、富浩华、中瑞岳华、天健)作为研究对象[①],探讨这些会计师事务所在改制前后的审计质量变化。由于国内事务所主要从 2010 年开始进行转制工作,本章以 2010 年度作为转制的过渡期,以 2011 年度作为转制后的年度,以 2009 年作为转制前的年度。

9.2.2 模型的设定

为了检验会计师事务所组织形式变化对审计收费的影响,设立如下模型:

$$Ln(Fee) = \beta_0 + \beta_1 LEGALFORM + \beta_2 Size + \beta_3 Lev + \beta_4 Loss + \beta_5 Opinion + \beta_6 Arr + \beta_7 Invr + \beta_8 Roe1 + \beta_8 Roe2 + RandomEffect$$

模型中 $Ln(Fee)$ 为应变量,代表审计收费,以自然对数表示。$LEGALFORM$ 是测试变量,以虚拟变量表示,如果会计师事务所组织形式为特殊的普通合伙制则为 1,如果会计师事务所组织形式为有限责任公司制则为 0,预期其系数为正,表示会计师事务所改制后审计收费会提高。模型中的其他变量是影响审计收费的控制变量,其中 $Size$ 代表公司的规模,用公司总资产

[①] 《中国会计报》记者从财政部独家获悉,随着京都天华会计师事务所从有限责任公司转为特殊普通合伙形式,目前我国获准从事 H 股企业审计业务的 8 家本土大型事务所已全部完成转制。此前,天职国际会计师事务所已经提前完成转制,为 2013 年年底前我国其他证券期货业务资格事务所完成转制工作,创造了一个良好的开端(2011 - 12 - 27)。但是,通过查阅上市公司年报,只有立信、富浩华、中瑞岳华、天健在 2011 年年报中是以特殊的普通合伙方式出现,其他四家于 2012 年才完成工商登记和更名工作。因此,本研究以四家完成全部改制手续的事务所作为研究对象。

的自然对数表示;*Lev* 代表公司的负债情况,用公司的资产负债率表示;*Loss* 是代表公司是否亏损的哑变量,如果公司本年度发生亏损则为 1,否则为 0; *Opinion* 是代表公司审计意见类型的哑意见,如果公司被出具非标准的审计意见报告,则为 1,否则为 0;*Arr* 代表公司的应收账款占总资产的比重;*Invr* 代表公司存货占总资产的比重。*Lev*、*Loss*、*Arr*、*Invr* 代表公司的财务风险。另外,根据相关文献,当被审计单位的盈利指标处于监管区间时,公司的盈余管理风险较高,模型中根据 *ROE* 是否处于监管区间分别设立 *Roe*1 和 *Roe*2 两个哑变量,如果 *ROE* 处于 0 到 2% 之间则 *Roe*1 为 1;如果 *Roe* 处于 6% 到 7% 之间则 *Roe*2 为 1,否则为 0。另外,为克服其他缺失变量的影响,模型采用了面板数据的随机效应回归模型。

9.2.3 数据来源

为检验本章的假说,我们选取四家已完成全部转制手续的事务所(分别是立信、富浩华、中瑞岳华、天健)作为研究对象,选取 2009 年和 2011 年度被这四家会计师事务所审计的上市公司作为研究样本,考察这些公司在 2009 年与 2011 年度的审计费用的差异。在剔除变量缺失的样本及金融业的样本后,共得到研究样本 881 个,其中 2009 年研究样本 330 个,2011 年度研究样本 551 个。此外,为保证研究结论的可靠性,我们根据配比原则选取了 564 个配对研究样本,2009 年与 2011 年度分别为 282 个。研究数据来源于 CSMAR 数据库。

9.3 实证结果与分析

9.3.1 描述性统计

表 9-1 是相关变量的描述性统计。从表 9-1 的描述性统计结果来看,审计费用自然对数的均数为 13.352,但最大值和最小值之间的差距还是较

大的。

表9-1 变量的描述性统计

变量名	样本数	均值	标准差	最大值	最小值
$Lnfee$	881	13.352	0.582	16.440	11.513
$Legalform$	881	0.63	0.484	1	0
$Size$	881	21.670	1.182	26.221	17.864
Lev	881	0.459	3.930	0.983	0.013
$Loss$	881	0.08	0.271	1	0
Cfo	881	0.037	0.114	1.039	-0.491
$Opinion$	881	0.04	0.184	1	0
Arr	881	0.098	0.088	9.535	0.001
$Invr$	881	0.179	0.159	9.874	0.004
$Roe1$	881	0.07	0.258	1	0
$Roe2$	881	0.05	0.223	1	0

9.3.2 相关性分析

表9-2 是单变量的 Pearson 相关性分析结果。从表 9-2 的结果可以看出,因变量被审计单位审计费用的自然对数与反映事务所组织形式的哑变量($Legalform$)显著负相关,说明会计师事务所从有限责任制转制为特殊的普通合伙制后显著提高了被审计单位的审计费用,这就初步证实了本章的研究假说 1。从表 9-2 的相关性分析结果还可以发现,被审计单位的审计费用还与公司的规模($Size$)、负债比例(Lev)、应收账款占总资产的比重(Arr)、存货占总资产的比重($Invr$)显著正相关。此外,亏损公司($Loss$)和被出具非标准审计意见报告($Opinion$)的公司的审计费用更高。这些结果与大多数文献的结论一致。但未发现反映公司盈余管理可能性的两个指标即 $Roe1$ 和 $Roe2$ 与审计费用显著相关。

表9-2 Pearson相关性分析

	Lnfee	Legalform	Size	Lev	Loss	Cfo	Opinion	Arr	Invr	Roe1
Legalform	0.089***									
Size	0.676***	0.071**								
Lev	0.174***	-0.133***	0.247***							
Loss	0.082**	-0.128***	-0.099***	0.278***						
Cfo	-0.08***9	-0.087***	-0.098***	-0.122***	0.026					
Opinion	0.118***	-0.030	-0.200***	0.372***	0.399*	-0.047				
Arr	0.145***	-0.003	-0.235***	-0.048	-0.016	-0.117***	-0.024			
Invr	0.083***	0.010	0.155***	0.255***	-0.057*	-0.236***	-0.069**	-0.084**		
Roe1	0.046	-0.022	-0.018	0.063*	-0.049	-0.044	-0.053	-0.027	0.008	
Roe2	0.036	0.045	-0.034	-0.077***	-0.059**	-0.034	-0.045	0.026	-0.025	-0.065*

注：*** 表示在1%的统计水平上显著；** 表示在5%的统计水平上显著；* 表示在10%的统计水平上显著。

9.3.3 分组检验

在描述性统计和单变量的相关性分析的基础上,我们还进行了配对样本的分组检验,结果如表 9-3 所示。从表 9-3 的分组检验结果可以发现,无论是均值还是中位数,特殊的普通合伙制下事务所向审计客户收取的审计费用都显著高于有限责任制下事务所向审计客户收取的审计费用。这进一步证实了本章的研究假说 1,说明会计师事务所组织形式从有限责任制向特殊的普通合伙制的转制后,审计费用有显著的提高。此外,配对样本在公司规模、成长性、现金流量、是否亏损等方面,无论是均值还是中位数都存在一定的差异,而其他变量在均值和中位数上则无显著差异。

表9-3 会计师事务所组织形式对审计质量影响的单变量分组检验

	均值		T 值 (t test)	中位数		Z 值(Mann-Whitney U test)
	有限责任制	特殊的普通合伙制		有限责任制	特殊的普通合伙制	
Lnfee	13.285	13.392	−2.641***	13.305	13.439	−2.468**
Size	21.562	21.735	−2.101**	21.415	21.618	−2.429**
Lev	0.504	0.432	3.964***	0.512	0.419	4.942***
Loss	0.12	0.05	3.831***	0	0	−3.802***
cfo	0.050	0.029	2.584**	0.037	0.030	−1.726*
Opinion	0.04	0.03	0.902	0	0	−0.902
Arr	0.098	0.097	0.092	0.078	0.077	0.132
Invr	0.177	0.180	−0.309	0.139	0.149	−0.587
Roe1	0.08	0.07	0.648	0	0	−0.648
Roe2	0.04	0.06	−1.324	0	0	−1.323

注:*** 表示在1%的统计水平上显著;** 表示在5%的统计水平上显著;* 表示在10%的统计水平上显著。

9.3.4 多元回归分析

表 9-4 是多变量回归分析的结果。为保证研究结论的可靠性,我们分别采用不配对样本和配对样本进行多元回归分析,结果分别如第 3 列和第 4 列所示。从表 9-4 的多元回归分析结果可以发现,无论是非配对样本,还是配

对样本,反映会计师事务所组织形式的哑变量都与被审计客户的审计费用负相关,回归系数分别达到了 0.065 和 0.060,且都在 1% 的统计水平上显著。这就证实了本章的研究假说 1,说明特殊的普通合伙制组织形式被事务所采用后,事务所向被审计单位收取的审计费用有了显著的提高。这将有助于规范我国独立审计市场的收费行为,减少恶性的压价竞争,促进独立审计市场的持续健康发展。就其内在原因来说,可能如前文所述,一方面,事务所采取特殊的普通合伙制后,事务所与注册会计师承担的审计风险显著增加,因此,需要收取更高的风险溢价,从而推高了审计费用;另一方面,随着特殊的普通合伙制组织形式的采用,对审计质量提出了更高的要求,因此,审计项目组需要对审计程序的性质、时间和范围进行调整,而这可能会增加审计成本,也需要收取更高的审计费用加以补偿。此外,本着风险与收益相对应的原则,事务所也可能会收取更高的审计费用。

表9-4 多变量回归分析结果

变量	预测符号	非配对样本	配对样本
$Constant$	?	6.437(19.90)***	6.364(13.93)***
$Legalform$	−	0.065(4.12)***	0.060(3.49)***
$Size$	−	0.314(20.76)***	0.320(15.01)***
Lev	+	0.095(1.44)	0.006(0.05)
$Loss$	−	0.039(0.96)	0.005(0.12)
Cfo	+	−0.001(−0.07)	−0.028(−0.20)
$Opinion$	−	0.007(0.09)	0.093(0.91)
Arr	+	0.305(1.73)*	0.448(1.90)*
$Invr$	+	0.078(0.80)	0.039(0.32)
$Roe1$		0.017(0.42)	0.025(0.58)
$Roe2$		0.068(1.52)	0.079(1.55)
$Adjust\ R\text{-}Square$		0.459	0.462
F		647.16***	384.75***
Obs		881	564

注:括号内是 T 值。*** 表示在 1% 的统计水平上显著;** 表示在 5% 的统计水平上显著;* 表示在 10% 的统计水平上显著。

从控制变量来看,被审计单位的审计费用主要与客户的公司规模($Size$)显著正相关。此外,反映被审计单位重大错报风险的应收账款占总资产的比重(Arr)也与审计费用显著正相关。但未发现审计费用与其他变量显著相关,这可能主要与本章的样本量较小有关。

为证实本章的研究假说2,文章以客户所属的行业所有上市公司的资产为标准进行四分位的划分,属于最大的四分位区间的称为大客户,属于最小的四分位区间的则称为小客户。这样,得到大客户样本共204个,小客户样本共191个。然后,分别大客户市场和小客户市场实证检验了会计师事务所组织形式变化对审计收费的影响,结果见表9-5。从表9-5的第2列结果可以看出,在大客户市场上,反映事务所组织形式变化的哑变量($Legalform$)的系数为0.050,但统计上不显著,表明大客户市场上,会计师事务所组织形式变化并未对审计收费产生显著的影响;但在表9-5的第3列中,反映事务所组织形式变化的哑变量($Legalform$)的系数为0.103,且在1%的统计水平上

表9-5 区分大客户市场与小客户市场的会计师事务所组织形式变化对审计收费影响的多元回归分析

变量	预测符号	大客户市场	小客户市场
$Constant$	?	1.254(1.08)	10.956(9.16)***
$Legalform$	−	0.050(1.57)	0.103(3.54)***
$Size$	+	0.549(10.80)***	0.093(1.78)*
Lev	+	0.488(2.32)***	0.018(0.20)
$Loss$	+	0.084(0.84)	0.002(0.03)
Cfo	+	−0.444(−1.10)	−0.208(−0.91)
$Opinion$	−	0.653(1.27)	0.053(0.48)
Arr	+	0.988(1.86)*	0.086(0.28)
$Invr$	+	0.056(0.29)	0.166(0.66)
$Roe1$		0.121(1.62)	0.013(0.20)
$Roe2$		0.038(0.38)	0.174(1.65)*
Adjust R-Square		0.430	0.050
F		168.64***	31.65***
Obs		204	191

注:括号内是T值。*** 表示在1%的统计水平上显著;** 表示在5%的统计水平上显著;* 表示在10%的统计水平上显著。

显著正相关,表明在小客户市场上,会计师事务所组织形式变化后审计收费有了显著的提高。这就证实了本章的研究假说2。从控制变量的结果来看,基本与表9-4的回归结果类似。

9.3.5 稳健性测试

为验证本章结论的可靠性与稳健性,我们还进行了如下的稳健性测试,包括:(1)剔除亏损公司样本;(2)剔除被出具非标准审计意见报告的公司样本;(3)以改制前二年的审计费用平均数作为改制前审计费用;等等。稳健性测试的结果与表9-4的研究结论基本一致,证实了本章研究结论是比较可靠和稳健的。

9.4 小 结

根据产业研究的"结构—行为—绩效"研究范式,审计收费作为重要的审计行为,会对独立审计市场的绩效,也即独立审计公司治理功能的发挥产生重要影响。如果会计师事务所从有限责任制向特殊的普通合伙制的转制,能够使会计师事务所的审计收费更加规范,减少事务所之间恶性的价格竞争,显然对于促进我国会计师事务所的做大做强和注册会计师行业的持续健康发展具有重要意义。那么,会计师事务所的转制影响审计收费了吗?

基于此,本章以国内四家具有H股审计资格并率先完成全部转制手续的会计师事务所为样本,考察了会计师事务所组织形式从有限责任制转变为特殊的普通合伙制对审计收费的影响。研究发现,会计师事务所转制后,审计收费显著提高。进一步的研究发现,在大客户市场上,事务所转制对审计收费无显著的影响;但是在小客户市场上,事务所转制显著提高了审计收费。

CHAPTER 10

会计师事务所组织形式变化与审计风险控制

会计师事务所从有限责任制转制为特殊的普通合伙制,从理论上说,有助于打破有限责任制下股东人数的限制,提高注册会计师的积极性;更加适应行业管理的特定要求;可以降低股东的税收负担;克服股东至上的治理难题,从而促进会计师事务所做大做强。但与此同时,股东变为合伙人,股东所需承担的责任也从有限责任变为合伙人的无限责任[1],合伙人需承担的风险显著增强,因此,也对风险控制提出了更高的要求。如果不能改善审计风险的控制,不仅可能无法实现事务所做大做强的目标,甚至可能会威胁到会计师事务所的生存。那么,我国会计师事务所组织形式的变化是否改善了审计风险的控制?

基于此,本章以国内四家具有 H 股审计资格并率先实现转制的会计师事务所为样本,从审计费用视角,通过大样本的经验研究方法探讨了会计师事务所转制对审计风险控制的影响。

10.1 文献回顾、理论分析与研究假说的提出

审计风险是指被审计单位的财务报告存在重大的错报或漏报,而注册会计师审计后发表不恰当的审计意见的可能性。要保证审计质量,维护注册会计师的自身利益,促进注册会计师行业持续健康发展,必须注重防范和控制审计风险,而这也是会计师事务所能否做大做强的重要决定因素。

由于无法直接度量事务所与注册会计师对审计风险的态度及采取的措施,一般来说,实证研究会通过其他中介变量如审计费用来进行分析与考察。因为审计项目组为了控制和降低审计风险,往往要调整审计程序,另外还需要对高风险的客户收取风险溢价(Simunic,1980)来作为预期损失的补

---

[1] 一个合伙人或者数个合伙人在执业活动中因故意或者重大过失造成合伙企业债务的,应当承担无限责任或者无限连带责任,其他合伙人以其在合伙企业中的财产份额为限承担责任。合伙人在执业活动中非因故意或者重大过失造成的合伙企业债务以及合伙企业的其他债务,由全体合伙人承担无限连带责任。

偿,而这些都会在审计费用中得以体现。因此,国内外很多文献都从审计费用视角对事务所的风险控制进行研究。由于审计风险的含义广泛,度量存在一定困难,所以在实证研究中往往以经营风险或法律诉讼风险作为替代。Venkataraman 等(2008)研究发现,在高诉讼的法律环境下,审计质量和审计收费都会更高,而且没有证据表明审计师会为了获取高报酬而选择与管理层合谋。Seetharaman,Gul 和 Lynn(2002)考察了诉讼风险与审计收费之间的关系,通过对英国上市公司的检验发现,同时在美国上市的公司向其审计师支付了更高的审计报酬,而同时在美国以外的其他资本市场上市的公司向其审计师支付的报酬与仅在英国本土上市的公司相比无显著差异;进一步的研究发现,这可能主要与美国证券市场相对于其他市场的高诉讼风险有关。Bell,Landsman 和 Shackelford(2001)考察了审计收费与企业经营风险之间的关系,通过考察某国际会计公司1989 年的 422 例美国公司审计业务数据发现,审计收费水平与被审计单位的经营风险评估水平显著正相关。

  从国内的情况来看,关于事务所与注册会计师对待审计风险的态度,也有很多文献从不同角度进行了分析,但是并未得出一致的研究结论。很多研究发现,我国的注册会计师在决定审计收费时已经在一定程度上考虑了审计风险。朱小平和余谦(2004)的研究发现,客户的审计风险会影响审计收费。张继勋和徐奕(2005)的研究未发现经营风险对审计收费的影响。郝振平和桂璇(2006)发现,即使是 B 股市场也没有培育出中国注册会计师的风险意识。江伟和李斌(2007)发现,财务风险因素与审计收费显著相关,但影响程度受到预算软约束的影响。但也有很多研究发现,我国注册会计师在决定审计收费时并未考虑审计风险的因素。李明辉和郭梦岚(2010)发现,我国注册会计师在决定审计收费时对风险因素并不十分关注。此外,还有很多文献从盈余管理风险(伍利娜,2003)、监管风险(李爽和吴溪,2004;宋衍蘅,2011)、公司治理风险(潘克勤,2008)、法律风险(冯延超和梁莱歆,2010)等审计风险的不同来源与结果等角度考察了审计风险与审计收费之间的关系,但总的来说并未取得完全一致的结论。

  综合来说,关于我国独立审计市场上,会计师事务所与注册会计师对待被审计单位的审计风险的态度及所采取的对策与措施,研究结论并未取得一致的结论。就其原因来说,除了与不同的文献所关注的视角不同,包括审计风险的替代变量的选取及数据样本存在差异外,也可能与我国独立审计市场的结构以及法律环境和监管环境等有关。

随着我国会计师事务所组织形式从有限责任制转制为特殊的普通合伙制，对于事务所的风险控制可能会产生以下影响：首先，由于会计师事务所组织形式从有限责任制转制为特殊的普通合伙制，合伙人所须承担的责任从有限责任转变为无限责任（包括其他合伙人非故意或重大过失下的无限连带责任），会计师事务所与注册会计师所须承担的风险显著增强。针对风险不同的客户，审计项目组需要对审计程序的性质、时间和范围进行调整，以对审计风险特别是检查风险进行控制，并将总的审计风险降至可接受的低水平。由于需要更严格控制审计风险，对于风险高的客户，可能需要花费更高的审计成本，而这可能会导致审计费用的提高。

其次，事务所责任形式从有限责任制转制为特殊的普通合伙制，对于某合伙人因非故意或重大过失所造成的损失，其他合伙人仍须承担无限连带责任。这对合伙人之间的相互监督提出了更高的要求，事务所必须通过强化质量复核，包括项目组内复核和事务所质量控制复核，对风险进行更严格的控制。由于需要更严格地进行质量复核，对于风险高的客户，必须要花费更高的审计成本，而这可能会导致审计收费的提高。

另外，伴随此轮会计师事务所组织形式的转变，我国注册会计师的法律责任在司法实践中也有了重要发展。为正确审理涉及会计师事务所在审计业务活动中民事侵权赔偿案件，维护社会公共利益和相关当事人的合法权益，廓清以往理论研究和司法实践中存在的争议和模糊认识，最高人民法院在梳理了以往发布的相关司法解释的基础上，通过总结审判实践并吸纳最新的理论研究成果，于2007年6月颁布了《关于审理涉及会计师事务所在审计业务活动中民事侵权赔偿案件的若干规定》，就我国注册会计师在审计业务活动中的民事责任的定位、归责原则与举证责任以及第三人的范围等问题做了具体的规定。新的司法解释与理论界的主流观点一致，而且与国外通行的做法也基本符合，有利于更好地保护投资者的利益，规范我国注册会计师的民事责任。但与此同时，新的司法解释也对会计师事务所与注册会计师提出了更高的要求，否则因为审计风险而导致诉讼损失的可能性就大为增加了。

从根本上说，特殊的普通合伙制下会计师事务所与注册会计师所承担的无限责任主要还是民事赔偿责任。所以，如果关于注册会计师的民事责任的相关法律法规不够完善清晰，即使事务所组织形式发生转变，事务所与注册会计师所须承担的风险的增强也只是形式上的。但是，随着最新司法解释的公布，组织形式的不同对于事务所须承担的风险的影响就会有实质性的变化。因此，事务所的此次转制，对风险控制提出了真正的要求，无论是从审计成本补偿的角度，还是从对预期风险损失的风险溢价提前进行补偿的角度，对于风险高的客户，都可能会收取更高的审计费用。基于以上的分析，我们提出研究假说：

研究假说：会计师事务所组织形式从有限责任制转制为特殊的普通合伙制后，事务所将更加关注审计风险，风险大的公司会被收取更高的审计费用。

10.2 研究设计

10.2.1 变量的定义

根据现代风险导向的审计理论，审计风险包括财务报表的重大错报风险和检查风险。但在不同的法律环境下，审计风险的表现形式是不同的。在美国等成熟的证券市场上，注册会计师在审计执业过程中由于欺诈或过失所面临的风险主要来源于法律诉讼，所以审计风险往往体现为诉讼风险。而从我国的情况来看，由于我国注册会计师所面临的法律责任相对较轻，审计失败的风险往往来源于监管部门的处罚，表现为监管风险，而并非诉讼风险。但不管是法律诉讼还是监管风险，都是审计风险的表现形式，而重大错报风险的来源则主要包括被审计单位的财务风险、治理风险、经营风险等。基于此，风险导向的审计准则，要求注册会计师了解被审计单位及其环境，以充分识别和评估财务报表的重大错报风险，并针对评估的重大错报风险水平设计和实施进一步的审计程序，以将审计风险控制在可接受的水平。基于此，本章主要以能够体现被审计单位审计风险的来源，反映被审计单位的盈余管理风险、财务风险和治理风险的变量作为审计风险的替代指标。具体来说，反映被审计单位的盈余管理风险的指标包括操控性应计数和 ROE 是否处于监管区间等变量。其中，操控性应计数（DA）根据修正的 Jones 模型计算得出。而 ROE 是否处于监管区间由 $Roe1$ 和 $Roe2$ 两个哑变量表示,如果 ROE 处于 0 到 2% 之间则 Roe1 为 1;如果 Roe 处于 6% 到 7% 之间则 Roe2 为 1,否则为 0。关于被审计单位的财务风险,以被审计单位的资产负债率(Lev)和是否亏损哑变量($Loss$)两个变量表示。反映被审计单位治理风险的变量包括第一大股东持股比例($Top1$)、最终控制人的性质($Controller$)、股权制衡度($CR2\_5$)、领导结构(董事长与总经理是否两职合一,$Leadership$)、管理层持股比例($Mshr$)等五个变量。

10.2.2 模型的设定

为了检验会计师事务所组织形式转制对审计风险控制的影响,我们从审计收费视角建立如下模型:

$$Ln(Fee) = \beta_0 + \beta_1 Legal\ Form + \beta_2 DA + \beta_3 Roe1 + \beta_4 Roe2 + \beta_5 Lev + \beta_6 Loss + \beta_7 Top1 + \beta_8 Top1^1 + \beta_9 Controller + \beta_{10} Cr2\_5 + \beta_{11} Leadership + \beta_{12} Mshr + \beta_{13} Mshr^2 + \beta_{14} Size + \beta_{15} Arr + \beta_{16} Invr + \beta_{17} Opinion\_1 + Year + Industry + \delta$$

模型中 $Ln(Fee)$ 为因变量,代表审计费用,用审计收费的自然对数表示。$Legal\ Form$ 是测试变量,以虚拟变量表示,如果会计师事务所组织形式为特殊的普通合伙制则为 1,如果会计师事务所组织形式为有限责任公司制则为 0。DA、$Roe1$、$Roe2$ 三个变量反映被审计单位的盈余管理水平,分别代表操控性应计数(根据修正的 Jones 模型计算得出)以及 ROE 是否处于监管区间(如果 ROE 处于 0 到 2% 之间则 Roe1 为 1;如是 ROE 处于 6% 到 7% 之间则 Roe2 为 1,否则为 0)。Lev 和 $Loss$ 反映公司的财务风险,分别由资产负债率和是否亏损的哑变量(如果被审计单位出现亏损则为 1,否则为 0)表示。$Top1$、$Controller$、$CR2\_5$、$Leadership$、$Mshr$ 都是反映公司治理风险的变量,分别代表第一大股东持股比例、最终控制人的性质(如果最终控制人是国有公司则为 0,否则为 1)、股权制衡度(第二大股东至第五大股东持股比例和表示)、领导结构(如果董事长与总经理两职合一则为 1,否则为 0)、管理层持股比例。模型的其他变量是控制变量,其中,$Size$ 代表公司的规模,用公司总资产的自然对数表示;$Opinion\_1$ 是代表公司上一年度审计意见类型的哑变量,如果公司上一年度被出具非标准的审计意见报告,则为 1,否则为 0;Arr 代表公司的应收账款占总资产的比重;$Invr$ 代表公司的存货占总资产的比重。

10.2.3 数据的来源

为检验本章的假说,我们选取四家已完成全部转制手续的会计师事务所(分别是立信、富浩华、中瑞岳华、天健)作为研究对象,选取2009年和2011年度被这四家会计师事务所审计的上市公司作为研究样本,考察这些公司在2009年与2011年度的审计费用的差异。在剔除变量缺失的样本及金融业的样本后,共得到研究样本776个,其中2009年研究样本296个,2011年度研究样本480个。此外,为保证研究结论的可靠性,我们根据配比原则选取了502个配对研究样本,2009年与2011年度分别为251个。研究数据来源于CSMAR数据库。

10.3 实证结果与分析

10.3.1 描述性统计

表10-1是变量的描述性统计。从表10-1的描述性统计结果来看,审计费用的最大值达到了1 380万,但最小值只有15万,而且标准差相当大,说明我国上市公司之间的审计费用差异较大,这可能主要与我国上市公司的规模差异有关。此外,无论是反映盈余管理风险的操控性应计数(DA),还是反映公司治理风险的第一大股东持股($Top1$)、股权制衡度($CR2\_5$)以及管理层持股比例($Mshr$)在不同上市公司间都存在较大的差异。

表10-1 描述性统计

变量名	样本数	均值	标准差	最大值	最小值
Fee	776	13.375	0.583	13 800 000	150 000
DA	776	0.020	0.301	5.897	-0.871 1
$Roe1$	776	0.080	0.273	1	0
$Roe2$	776	0.050	0.213	1	0
Lev	776	0.461	0.207	0.944	0.013
$Loss$	776	0.080	0.271	1	0
$Top1$	776	0.366	0.155	0.894	0.004
$CR2\_5$	776	0.154	11.145	0.539	0.006
$Controller$	776	0.520	0.500	1	0
$Leadership$	776	0.190	0.392	1	0
$Mshr$	776	0.056	0.140	0.821	0
$Size$	776	21.765	1.154	26.221	18.587
Arr	776	0.098	0.089	0.535	0
$Invr$	776	0.184	0.161	0.874	0
$Opinion\_1$	776	0.020	0.146	1	0

10.3.2 审计费用视角的会计师事务所组织形式变化对审计风险控制的影响

为考察会计师事务所组织形式变化对审计风险控制的影响,我们从审计费用视角进行了多元回归分析。我们将样本分为组织形式变化前的有限责任公司制子样本和组织形式变化后的特殊的普通合伙制子样本,然后分别考察组织形式变化前后反映审计风险的变量与审计费用的关系,结果如表10-2所示。从表10-2的结果可以发现,就反映盈余管理的三个变量即操控性应计数(DA)以及ROE是否属于监管区间($ROE1$和$ROE2$)来说,在组织形式变化前即有限责任公司制下,只有操控性应计数(DA)与审计费用显著正相关,但在组织形式变化后即特殊的普通合伙制下,三个变量都与审计费用在5%的统计水平上显著正相关,表明在组织形式变化后,会计师事务所更加注重被审计单位的盈余管理风险并在审计费用上得以体现。从反映财务风险的两个变量即资产负债率(Lev)和是否亏损的哑变量($Loss$)来看,在事务所组织形式变化前即有限责任公司制下,两个变量都与审计费用不显著相关;但在组织形式变化后即特殊的普通合伙制下,反映被审计单位是否亏损的哑变量与审计费用在5%的统计水平上显著相关,表明在组织形式变化后,会计师事务所更加注重被审计单位的财务风险,对于财务风险高的公司收取了更高的审计费用。从反映公司治理风险的变量来看,在会计师事务所组织形式变化前即有限责任公司制下,只有最终控制人的性质($Controller$)以及股权制衡程度(第二大股东至第五大股东持股比例和,$CR2$-5)两个变量与审计费用显著正相关,表明事务所对最终控制人为非国有的公司收取了更高的审计费用,而对股权制衡程度高的公司收取了较低的审计费用。但在会计师事务所组织形式变化后即特殊的普通合伙制下,第一大股东持股比例($Top1$)与审计费用显著正相关,第一大股东持股比例的平方($Top1^2$)与审计费用显著负相关,说明审计费用与第一大股东持股比例之间呈倒U型的关系。之所以有这个结果,是因为很多文献都研究发现第一大股东持股比例与大股东的代理成本即治理风险呈倒U型关系。另外,股权制衡度($CR2\_5$,第二大股东至第五大股东持股比例和)也与审计收费显著负相关,因为股权制衡度越高,公司的治理风险越低。但是,未发现管理层持股比例($Mshr$)与审计费用显著相关,这可能与我国上市公司管理层持股比例普遍较低有关。

综合来看,无论是反映盈余管理的变量,还是反映财务风险的变量,以及反映公司治理风险的变量在会计师事务所组织形式变化后即特殊的普通合伙制下,都对审计费用产生了更显著的影响,这就证实了本章的研究假说,即会计师事务所组织形式的变化(特殊的普通合伙制的采用)在一定程度上提高了会计师事务所的风险控制。

从控制变量来看,在有限责任公司制下,只有被审计单位的规模($Size$)与审计费用显著正相关;但是,在事务所改制为特殊的普通合伙制后,除了被审计单位的规模($Size$)外,应收账款占总资产的比重(Arr)和存货占总资产的比重($Invr$)都与审计费用显著正相关,但是未发现上一年度的审计意见($Opinion\_1$)对审计费用有显著影响,这可能主要与本章的研究样本较小而且被出具非标准意见的样本公司较少有关。

表10-2 审计费用视角的会计师事务所组织形式变化对审计风险影响的多元回归分析结果（因变量是审计费用）

变量	总样本	有限责任公司制	特殊的普通合伙制
$Constant$	5.037(13.928)***	4.686(6.908)***	5.145(11.313)***
DA	0.073(2.664)***	0.111(2.070)**	0.073(2.101)**
$Roe1$	0.030(1.129)	0.065(1.472)	0.002(2.056)**
$Roe2$	0.001(0.039)	0.001(0.021)	0.003(2.100)**
Lev	−0.015(−0.409)	−0.056(−1.046)	0.029(0.616)
$Loss$	0.009(0.320)	0.006(0.125)	0.015(2.427)**
$Top1$	0.170(1.510)	0.127(0.672)	0.209(1.879)*
$Top12$	−0.260(−2.281)**	−0.213(−1.119)	−0.300(−2.091)**
$Controller$	−0.106(−3.396)***	−0.136(−2.696)***	−0.089(−2.232)**
$CR2\_5$	−0.083(−2.526)**	−0.178(−3.426)***	−0.032(−3.749)***
$Leadership$	0.016(0.586)	0.055(1.233)	0.048(1.357)
$Mshr$	0.066(0.701)	0.070(0.653)	0.052(0.413)
$Mshr2$	−0.057(−0.636)	−0.053(−0.515)	−0.041(−0.347)
$Size$	0.771(22.872)***	0.820(12.713)***	0.750(17.848)***
Arr	0.009(0.340)	0.033(0.675)	0.013(2.379)**
$Invr$	0.041(1.415)	0.011(0.235)	0.075(2.034)**
$Opinion\_1$	0.029(1.025)	0.064(1.377)	0.006(0.157)
$Year$	控制		
$Industry$	控制		
$Adjusted\ R\ Square$	0.488	0.460	0.499
$D-W$	1.828	1.821	1.845
F	47.151***	16.705***	30.867***
N	776	296	480

注：括号内是T值。*** 表示在1%的统计水平上显著；** 表示在5%的统计水平上显著；* 表示在10%的统计水平上显著。

10.3.3 稳健性检验

为验证本章结论的稳健性，我们还进行了稳健性检验，包括：(1)采用配对样本进行检验，结果见表10-3；(2)改变其他控制变量的衡量方法，如以ROA作为公司盈利的衡量指标等（结果略去）。稳健性检验的结论与表10-2的回归结果基本一致，表明本章的研究结论基本上是可靠的。

变量	有限责任公司制	特殊的普通合伙制
$Constant$	4.478 (6.073)***	4.816 (7.601)***
DA	0.136 (2.182)**	0.165 (3.450)***
Roe	10.088 (1.366)	0.014 (2.303)**
$Roe2$	0.015 (0.319)	0.001 (2.007)**
Lev	-0.057 (-0.991)	0.036 (0.597)
$Loss$	0.039 (0.775)	0.015 (2.301)**
Top	10.160 (0.808)	0.202 (1.867)*
$Top1^2$	-0.251 (-1.252)	-0.343 (-1.814)*
$Controller$	-0.113 (-2.130)**	-0.137 (-2.492)**
$CR2\_5$	-0.200 (-3.587)***	-0.099 (-1.810)*
$Leadership$	0.046 (0.949)	0.033 (0.672)
$Mshr$	0.079 (0.674)	0.054 (0.371)
$Mshr^2$	-0.058 (-0.517)	-0.059 (-0.424)
$Size$	0.826 (11.969)***	0.794 (13.378)***
Arr	0.005 (0.094)	0.046 (1.917)**
$Invr$	0.002 (0.035)	0.066 (1.886)*
$Opinion\_1$	0.015 (0.296)	0.013 (0.266)
$Adjusted\ R\ Square$	0.476	0.474
$D-W$	1.600	1.884
F	15.214***	25.105***
N	251	251

表10-3 审计费用视角的会计师事务所组织形式变化对审计风险影响的多元回归分析结果（配对样本）

注：括号内是 T 值。***表示在1%的统计水平上显著；**表示在5%的统计水平上显著；*表示在10%的统计水平上显著。

10.4 小　结

会计师事务所从有限责任制转制为特殊的普通合伙制,有助于打破有限责任制下股东人数的限制,提高注册会计师的积极性;更加适应行业管理的特定要求;可以降低股东的税收负担;克服股东至上的治理难题,从而促进会计师事务所做大做强。但与此同时,股东变为合伙人,股东所须承担的责任也从有限责任变为合伙人的无限责任,合伙人须承担的风险显著增强,因此,也对风险控制提出了更高的要求。如果不能改善审计风险的控制,不仅可能无法实现事务所做大做强的目标,甚至可能会威胁到会计师事务所的生存。

基于此,本章以国内四家具有 H 股审计资格并率先实现转制的会计师事务所为样本,从审计费用视角,通过大样本的经验研究方法探讨了会计师事务所转制对审计风险控制的影响。在控制了其他变量的影响后,研究发现,会计师事务所转制为特殊的普通合伙制后,无论是盈余管理风险、财务风险还是公司治理风险,衡量风险的变量都与审计费用之间产生了更显著的相关关系,风险高的公司被收取了更高的审计费用。研究结果表明,转制显著改善了会计师事务所的风险意识和风险控制,对于促进我国会计师事务所做大做强和注册会计师行业的持续健康发展具有积极意义。

CHAPTER 11

会计师事务所组织形式变化与
审计生产效率

会计师事务所从有限责任制转制为特殊的普通合伙制后,无论是在决策机制、股东限制、质量控制方面,还是在税收政策等方面都有助于克服有限责任制下的制度弊端,改善事务所的内部治理,提高事务所的竞争力,实现事务所的做大做强。但与此同时,股东变为合伙人,股东所须承担的责任也从有限责任变为合伙人的无限责任,合伙人须承担的风险显著增强,如果不能构建有效的合伙文化,切实履行合伙协议,加强事务所管理上的相互制衡,强化合伙人之间的相互监督,创新事务所的内部治理,就不可能真正提高市场竞争力,从而实现事务所做大做强的目标。因此,考察会计师事务所组织形式变化对事务所审计生产效率的影响,就成为判断会计师事务所转制是否达到预期目标的一个重要内容。

　　由于会计师事务所相关执业数据较难获得,关于会计师事务所审计生产效率的研究一直是理论界与实务界所面临的一个难点问题,也是审计研究中一个"黑箱"问题。基于此,本章以国内四家具有H股审计资格并率先实现转制的会计师事务所为样本,运用"黑箱"理论的相关研究方法,利用公开获取的各种信息,采用数据包络分析方法(DEA)评估了我国会计师事务所的审计生产效率,探讨了会计师事务所的转制对审计生产效率的影响,并分别纯技术效率和规模效率进行了更深入的分析,以期考察我国会计师事务所转制的效果。

11.1　文献回顾、理论分析与研究假说的提出

　　审计生产效率是指在一定的审计资源投入下,会计师事务所能否提供更多、更优的服务产出,从而通过高质量的审计服务满足信息使用者的需求。从理论上说,会计师事务所不同的组织形式会对审计生产效率产生显著影响。事务所从有限责任制转制为特殊的普通合伙制,可能会对审计生产效率产生以下影响:

　　首先,根据现代企业理论,企业是一个要素所有者的集合体。要素所有

者按照分工、合作和专业化的原则组成企业,企业的目标就是通过合作使要素所有者实现利益的最大化。但由于契约的不完备性和人的机会主义动机,要素所有者存在偷懒和搭便车的动机。为此,就必须建立一套监督和激励机制以降低交易费用(阿尔钦和登姆塞斯,1972)。但由于信息不对称和交易费用的存在,最优的监督与激励机制安排是要素所有者中最具有信息优势、最重要和最难监督的成员享有剩余索取权。从审计服务来说,在会计师事务所中,审计服务主要由注册会计师和助理审计人员完成,因而注册会计师对审计工作的态度和努力程度将会直接影响到审计质量。由于审计工作的高度专业性和复杂性,审计过程充满了不确定性,需要大量的职业判断,而这些职业判断主要依赖于注册会计师的执业经验和执业水平,因此很难直接进行监督,而且监督的成本也较高。最理想的安排就是赋予其剩余索取权,让其自己监督自己,减少监督成本;而且,由于其拥有剩余索取权享有剩余收益,而剩余收益的大小与其提供的审计质量有显著关系,因而其有最大的动力来监督和约束自己,从而提供高质量的审计服务。从特殊的普通合伙制来说,其就是针对注册会计师是事务所最重要的生产要素和财富创造者,更加强调"人和",使其在事务所的产权安排中居于主导地位,享有剩余索取权和剩余控制权,并成为监督和激励的主、客体,因而可以节约交易费用,提高组织的生产效率,并实现公司价值的最大化。因此,从理论上说,特殊的普通合伙制组织形式的采用,将会有效提高事务所的生产效率。

其次,相对于合伙制,有限责任制下股东以其在会计师事务所的出资额为限承担有限责任,因而会淡化股东的风险约束和赔偿责任,导致少数会计师事务所和注册会计师忽视执业风险,弱化质量控制。而特殊的普通合伙制作为合伙制的一种,由于合伙人须对自己的执业行为负无限责任,对其他合伙人的非故意和重大过失行为负无限连带责任,因而更强调合伙人之间的相互监督和事务所的质量控制。因此,在同样的审计资源投入下,能够提供更高质量的审计服务产品。或者在提供同样质量的审计服务产品下可以减少审计资源的投入,从而提高审计的生产效率。

最后,在有限责任制下,通常以股权这一资本杠杆机制为基础分配决策权,易于形成拥有大量股权的少数股东主导企业发展的局面,甚至会出现一些拥有大量客户资源,但不具有注册会计师资格的人试图介入甚至控制会计师事务所当"幕后老板"的情况,而这显然会影响到事务所的生产效率。相对来说,特殊的普通合伙制作为合伙制的一种,更强调"人和",与会计事务所提供的专业服务更契合,更有利于调动注册会计师的积极性和主动性,从而提高审计服务的质量,提高审计生产效率。基于以上分析,我们提出研究假说:

研究假说:会计师事务所组织形式从有限责任制转制为特殊的普通合伙制能显著提高审计生产效率。

11.2 研究设计

11.2.1 会计师事务所组织形式转变案例

本章以具有 H 股审计资格并在 2011 年年底前率先完成改制的 4 家国内大型会计师事务所(分别是立信、富浩华、中瑞岳华、天健)作为研究对象[①],探讨这些会计师事务所在改制前后的审计生产效率变化。由于国内事务所主要从 2010 年开始进行转制工作,本章以 2010 年度作为转制的过渡期,以 2011 年度作为改制后的年度,以 2009 年作为改制前的年度。

11.2.2 审计生产效率的衡量与评价

本章借鉴相关的国内外文献,运用 DEA 方法来衡量上市公司的审计生产效率。DEA 方法是 1978 年由 Charnes,Cooper 和 Rhodes 提出的,又被称为数据包络分析(Data Envelopment Analysis,简称 DEA)方法。该方法主要根据多指标投入(输入)和多指标产出(输出),对同类型的部门或单位(称为决策单元,即 DUM)进行相对有效性评价,为每一个决策单元估计出一个效

---

① 《中国会计报》记者从财政部独家获悉,随着京都天华会计师事务所从有限责任公司转为特殊普通合伙形式,目前我国获准从事 H 股企业审计业务的 8 家本土大型事务所已全部完成转制。此前,天职国际会计师事务所已经提前完成转制,为 2013 年年底前我国其他证券期货业务资格事务所完成转制工作,创造了一个了良好的开端(2011-12-27)。但是,通过查阅上市公司年报,只有立信、富浩华、中瑞岳华、天健在 2011 年年报中是以特殊的普通合伙方式出现,其他四家于 2012 年才完成工商登记和更名工作。因此,本研究以四家完成全部改制手续的事务所作为研究对象。

率参数值 θ，θ 的取值范围介于 0 与 1 之间，当 θ 等于 1 时，DUM 的生产效率最高，反之 θ 偏离 1 的程度越大，则表示 DUM 的生产效率越低。相对于其他的生产效率评价方法如 SFE 等，DEA 评价方法属于非参数的方法，其不需要明确决策单元的生产函数、各指标间的可比性和各指标间的权重，同时还可以提供信息以找出低效率的环节。根据 Jeong–Bon Kim 等人的研究发现，DEA 方法能很好地衡量审计的生产效率。在 DEA 方法对决策单元（DUM）的相对效率进行评价时，可以运用的模型也很多，如 CCR 模型、BCC 模型、CCGSS 模型等，其中 BCC 模型假设生产规模报酬是变化的，而在审计生产中，不能假设规模报酬是不变的，因此我们选取 BCC 模型评价审计的生产效率。

运用 DEA 评价方法评估事务所的审计生产效率，关键是确定审计投入和审计产出。审计的投入包括审计活动中投入的一切资源，包括人力资源（时间资源）、其他物质资源的投入等。为此，借鉴国内外的相关文献（Dopuch, Gupta 和 Simunic, 2003；Schelleman 和 Maijoor, 2001；Jeong-Bon Kim, Simunic 和 Stein, 2006；曹强、陈汉文和胡南薇, 2008），本章以审计成本（以审计费用作为替代指标）作为审计生产的投入。关于审计的产出，比较难以界定，Dopuch 等（2003）、Jeong-Kim 等（2006）以与审计投入相关的公司特征作为审计产出，因为在一定的审计质量下，审计生产的投入只与公司特征有关，所以可以将有关的公司特征作为审计产出的替代指标。为此，我们首先构建如下模型，并找出与审计投入相关的公司特征作为审计产出的替代指标：

$$Ln(C) = \beta_0 + \beta_1 Size + \beta_2 Lev + \beta_3 Roa + \beta_4 Arr + \beta_5 Invr + \beta_6 Loss + \varepsilon \qquad (1)$$

模型（1）中，$ln(C)$ 代表审计成本，由于审计成本的数据无法直接获取，用审计费用的自然对数替代；$Size$ 代表客户公司的规模，用客户年末总资产的自然对数表示；Lev 表示客户的负债情况，用客户公司年末的资产负债率表示；Roa 表示客户公司的盈利情况，用客户公司的年总资产收益率表示；Arr 表示客户年末应收账款占总资产的比重；$Invr$ 表示客户年末存货占总资产的比重。Arr 和 $Invr$ 两个指标主要用来反映客户的业务复杂程度，而 Lev 和 Roa 用来计量客户的风险。

11.2.3 模型的设定

在利用模型(1)确定了影响审计产出的公司特征变量后,通过将审计投入和审计产出纳入 DEA 方法的 BCC 模型,计算出反映审计生产效率的 θ 后,就可以对本章的假说即会计师事务所组织形式变化对审计生产效率的影响进行回归分析,具体的模型如下:

$$\theta = \beta_0 + \beta_1 Legalform + \beta_2 Size + \beta_3 Lev + \beta_4 Roa + \beta_5 Arr + \beta_6 Invr + \beta_7 Loss + \beta_8 Opinion + \varepsilon \qquad (2)$$

模型(2)中 θ 为应变量,反映审计的生产效率。$Legalform$ 是测试变量,以虚拟变量表示,如果会计师事务所组织形式为特殊的普通合伙制则为1,如果会计师事务所组织形式为有限责任公司制则为0,预期其系数为正,表示会计师事务所改制后的审计生产效率提高。模型(2)中的其他变量是影响 θ 的控制变量,其中,$Size$ 代表公司的规模,用公司总资产的自然对数表示;Lev 代表的负债情况,用公司的资产负债率表示;Roa 表示公司盈利情况,用总资产收益率表示;Arr 表示客户年末应收账款占总资产的比重;$Invr$ 表示客户年末存货占总资产的比重;$Loss$ 是代表公司是否亏损的哑变量,如果公司本年度发生亏损则为1,否则为0;$Opinion$ 是代表审计意见的哑变量,如是非标准的审计意见则为1,否则为0。

11.2.4 数据来源

为检验本章的假说,我们选取四家已完成全部转制手续的事务所(分别是立信、富浩华、中瑞岳华、天健)作为研究对象,选取2009年和2011年度被这四家会计师事务所审计的上市公司作为研究样本,考察这些公司在2009年与2011年度的审计生产效率的差异。在剔除变量缺失的样本及金融业的样本后,共得到研究样本881个,其中2009年研究样本330个,2011年度研究样本551个。此外,为保证研究结论的可靠性,我们根据配比原则选取了564个配对研究样本,2009年与2011年度分别为282个。研究数据来源于 CSMAR 数据库。

11.3 实证结果与分析

11.3.1 审计生产效率的评估结果

首先,我们利用本章的模型(1)进行回归分析(回归结果略去),发现影响成本的主要因素包括 $Size$、Lev 和 $Loss$。在此基础上,以这三个变量作为审计产出的替代变量,以 $Ln(C)$ 作为审计投入,运用 DEA 分析软件的 BCC 模型估计出样本公司在会计师事务所合并前后的审计生产效率,结果见表11-1 所示。从表 11-1 可以发现,作为合并样本的会计师事务所在转制前的平均审计生产效率是 87.6%,在转制后的平均审计生产效率是 88.8%,与其他研究的结果基本类似,但总的来说,我国会计师事务所的审计生产效率仍然有很大的提升空间(最高值为 1)。

表11-1 会计师事务所组织形式变化前后的审计生产效率

	均值	标准差	最大值	最小值
有限责任制	0.876	0.036	1	0.788
特殊的普通合伙制	0.888	0.031	1	0.820

11.3.2 相关性分析

表 11-2 是会计师事务所组织形式变化对审计生产效率影响的单变量相关性分析。表 11-2 的结果显示,会计师事务所组织形式变化与审计生产效率显著正相关,即转制后的特殊的普通合伙制事务所的审计生产效率显著提高,与本章的研究假说相符。此外,审计生产效率还与公司的规模($Size$)、负债比例(Lev)、存货占总资产的比重($Invr$)、亏损状况($Loss$)显著正相关,与公司的盈利情况(Roa)显著负相关,这些结果与其他文献的研究结论基本一致(Jeong-Bon Kim etc,2006)。

表11-2 会计师事务所合并对审计生产效率影响的相关性分析

	θ	Merge	Size	Lev	Roa	Arr	Invr	Loss
Merge	0.138***							
Size	0.419***	0.071**						
Lev	0.499***	−0.133***	0.247***					
Roa	−0.374***	0.119***	0.001	−0.443***				
Arr	−0.134***	−0.003	−0.235***	−0.048	0.047*			
Invr	0.128***	0.010	0.155***	0.255***	−0.061	−0.084**		
Loss	0.451***	−0.128***	−0.099***	0.278***	−0.590***	−0.016	−0.057*	
Opinion	0.208	−0.030	−0.200***	0.372***	−0.339***	−0.024	−0.069**	0.399***

注：*** 表示在1%的统计水平上显著；** 表示在5%的统计水平上显著；* 表示在10%的统计水平上显著。

11.3.3 事务所组织形式变化对审计生产效率影响的多元回归结果与分析

在就会计师事务所组织形式变化对审计生产效率的影响进行单变量的相关性分析基础上,为控制其他因素的影响,本章还就会计师事务所组织形式变化对审计生产效率的影响进行了固定效应模型的多元回归分析,结果如表11-3所示。从表11-3的回归结果可以发现,在控制了其他因素的影响后,反映会计师事务所组织形式变化的变量($Legalform$)在非配对样本和配对样本的系数分别为0.004和0.003,且在1%的统计水平上显著,这就证实

表11-3 会计师事务所组织形式变化对审计生产效率影响的多元回归分析

变量	非配对样本	配对样本
$Constant$	0.844 (37.34)***	0.807 (25.55)***
$Legalform$	0.004 (3.56)***	0.003 (2.68)***
$Size$	0.003 (2.85)***	0.004 (2.96)***
Lev	0.015 (3.17)***	0.022 (2.94)***
Roa	−0.025 (−1.69)*	−0.029 (−1.82)*
Arr	−0.023 (−1.85)*	−0.013 (−0.79)
$Invr$	−0.006 (−0.87)	−0.008 (−0.91)
$Loss$	0.029 (8.67)***	0.025 (6.78)***
$Opinion$	−0.003 (−0.54)	−0.001 (−0.16)
$Fixed\ Effect$	有	有
$Adjusted\ R\ Square$	0.165	0.181
F	205.71***	151.43***
N	881	564

注:括号内是T值。***表示在1%的统计水平上显著;**表示在5%的统计水平上显著;*表示在10%的统计水平上显著。

了本章的研究假说，表明我国此次会计师事务所组织形式的变化有效提高了事务所的审计生产效率。

从控制变量的结果看，客户的规模($Size$)、反映亏损状况的哑变量($Loss$)以及审计意见的类型($Opinion$)与审计生产效率呈显著的正相关关系，客户的盈利能力(Roa)与审计生产效率呈显著的负相关关系，与本章的预期一致，也与其他文献的结论基本一致(Jeong-Bon Kim etc,2006)；其他变量与审计生产效率无稳定且显著的相关关系。

11.3.4 进一步的分析

根据 DEA 的 BCC 模型，综合技术效率包括纯技术效率和规模效率。从理论上说，事务所组织形式的变化对综合技术效率的影响可能主要体现为纯技术效率，因为纯技术效率一般是企业由于管理和技术等因素影响的生产效率，而规模效率是由于企业规模因素影响的生产效率。多元回归分析的结果如表 11-4 所示。从表 11-4 的多元回归结果可以发现，反映会计师事务所组织形式的哑变量($Legalform$)与纯技术效率显著正相关，而与规模效率显著负相关。说明事务所组织形式从有限责任制转制为特殊的普通合伙制后，事务所的纯技术效率有显著提升，但规模效率并未体现(且表现为下降的趋势)。其他控制变量的回归结果基本与表 11-3 一致。

表11-4 会计师事务所组织形式变化对审计生产效率影响的进一步分析

变量	假说1	
	纯技术效率	规模效率
$Constant$	0.542 (23.86)***	0.665 (46.20)***
$Legalform$	0.008 (6.92)***	−0.013 (−16.04)***
$Size$	0.015 (14.03)***	0.013 (19.75)***
Lev	0.036 (7.26)***	0.022 (6.84)***
Roa	−0.034 (−2.26)**	−0.013 (−1.30)

续表

变量	假说1	
	纯技术效率	规模效率
Loss	-0.012 (-0.92)	0.012 (1.53)
Arr	0.007 (0.99)	0.015 (3.26)***
Invr	0.057 (16.06)***	0.030 (12.57)***
Opinion	0.006 (1.03)	0.009 (2.27)**
Fixed Effect	有	有
Adjusted R Square	0.496	0.557
F	1015.25***	1234.33***
N	881	881

注：括号内是T值。***表示在1%的统计水平上显著；**表示在5%的统计水平上显著；*表示在10%的统计水平上显著。

11.3.5 稳健性检验

为验证本章研究结论的可靠性与稳健性,我们还进行了稳健性测试。具体包括:(1)采用截面的Pooled Data进行了OLS回归;(2)剔除亏损公司样本;(3)剔除被出具非标准审计意见报告的公司样本;(4)以改制前二年的审计生产效率平均数作为改制前审计生产效率,等等。稳健性测试的结果与表10-3的研究结论基本一致,证实了本章的研究结论是比较可靠和稳健的。

11.4 小　结

会计师事务所从有限责任制转制为特殊的普通合伙制,有助于克服有限责任制的制度缺陷,改善事务所的内部治理,提高事务所的竞争力,实现事务所的做大做强。但与此同时,改制后,事务所也面临着合伙文化建设、合伙人之间的相互监督等问题。如果不能有效地改善事务所的内部治理,提高审计生产效率,事务所的竞争力就无法真正提高,事务所做大做强的目标也就难以实现。因此,考察会计师事务所组织形式变化对事务所审计生产效率的影响,就成为判断会计师事务所转制是否达到预期目标的一个重要内容。

由于会计师事务所相关执业数据较难获得,关于会计师事务所审计生产效率的研究一直是理论界与实务界所面临的一个难点问题,也是审计研究中一个"黑箱"问题。基于此,本章以国内四家具有 H 股审计资格并率先完成全部转制程序的会计师事务所为样本,运用"黑箱"理论的相关研究方法,利用公开获取的各种信息,采用数据包络分析方法(DEA)评估了我国会计师事务所的审计生产效率,探讨了会计师事务所的转制对审计生产效率的影响,并分别纯技术效率和规模效率进行了更深入的分析,以期考察我国会计师事务所转制的效果。研究结果发现,会计师事务所从有限责任制转制为特殊的普通合伙制后,会计师事务所的综合生产效率有了显著的提升。进一步的研究发现,会计师事务所改制对审计生产效率的提高主要表现为纯技术效率的提升。本章的研究结果表明,会计师事务所从有限责任制向特殊的普通合伙制的转变,有助于提高事务所的生产效率,从而提高事务所的核心竞争力,促进事务所做大做强。

CHAPTER 12

会计师事务所组织形式变化与审计质量

第 8 章至第 10 章分别从风险控制、审计收费以及审计生产效率三个角度实证考察了我国会计师事务所组织形式的变化对审计市场竞争行为的影响。根据产业组织理论的"结构主义"研究范式,审计行为会影响审计市场(以审计质量作为替代指标)的绩效。因此,本章将直接实证考察会计师事务所组织形式的变化对审计市场绩效(以审计质量作为替代指标)的影响。

会计师事务所从有限责任制转制为特殊的普通合伙制后,有利于打破有限责任制下股东人数的限制,提高注册会计师的积极性;更加适应行业管理的特定要求;可以降低股东的税收负担;克服股东至上的治理难题,从而促进会计师事务所做大做强。但与此同时,股东变为合伙人,股东所须承担的责任也从有限责任变为合伙人的无限责任,合伙人须承担的风险显著增强,因此,也对风险控制与审计质量提出了更高的要求。那么,我国会计师事务所从有限责任制转制到特殊的普通合伙制是否提高了审计质量?

基于此,本章以国内四家具有 H 股审计资格并率先在 2011 年年底前实现转制的会计师事务所为样本,以被审计单位的操控性应计作为审计质量的替代指标,考察了会计师事务所组织形式从有限责任制转制为特殊的普通合伙制对审计质量的影响。

12.1 文献回顾、理论分析与研究假说的提出

审计质量是注册会计师发现被审计单位会计违规行为并报告这种违规行为的联合概率,前者取决于注册会计师的专业能力,后者取决于注册会计师的独立性(DeAnglo,1981)。那么,会计师事务所组织形式的变化会影响审计质量吗?从理论上说,会计师事务所从有限责任组织形式转制为特殊的普通合伙制,可以改善事务所的内部治理,因而有助于事务所审计质量的提高。具体可能体现在以下方面:(1)从审计需求的"保险"假说(Insurance Hypothesis)角度来说,独立审计在某种程度上承担了被审计单位的保险角色。如果被审计单位的财务报表使用者因被审计单位的不实财务报告而遭

受损失,可以通过向注册会计师进行诉讼赔偿而补偿部分损失,而这其中,规模越大的会计师事务所由于其可以偿付的赔偿金额较高因而承担的法律责任越大。"保险假说"因此也被称为"深口袋"理论(Deep Pocket Theory)。由此,文献也通常认为注册会计师须承担的法律责任与审计质量呈正相关关系(Dye,1995;Schwartz,1997)。由于会计师事务所的组织形式从有限责任制转制为特殊的普通合伙制后,注册会计师须承担的法律责任显著增强,注册会计师特别是合伙人将要承担比有限责任制下大得多的法律责任,因此,也增加了"口袋"的深度,显然会激励注册会计师更加注重审计质量。(2) 特殊的普通合伙制组织形式的采用,可以打破有限责任制下的股东人数限制,提高注册会计师的积极性和主动性,包括通过努力工作成为合伙人和参与会计师事务所的管理,因而其有动力提供更高质量的审计服务。由于公司法下有限责任公司的股东人数有最高 50 人的限制,因此,在有限责任制下,尽管很多年轻的注册会计师具备成为股东或合伙人的条件,但由于名额限制,影响了其个人的发展,这也迫使很多优秀的注册会计师人才离开这个行业。而特殊的普通合伙制的采用则可以打破这个限制,从而激励其通过提供高质量的审计服务而最终成为合伙人,并参与事务所的经营管理。(3) 在特殊的普通合伙制下,其他合伙人因故意或重大过失而造成合伙企业损失的,其他合伙人只须以其在合伙企业中的财产份额为限承担有限责任。但如果其他合伙人在执业活动中非因故意或者重大过失造成合伙企业债务以及合伙企业其他债务的,仍由全体合伙人承担无限连带责任。因此,相对于有限责任制,特殊的普通合伙制会计师事务所必然要强化内部监督,以保护全体合伙人和注册会计师的利益,这将有助于审计执业过程的风险与质量控制,从而提高审计质量。(4) 在特殊的普通合伙组织形式下,事务所更加强调"人和"而淡化了"资合",强调合伙人责权利的统一,可以把全体合伙人连结为休戚与共的利益共同体,有利于形成合伙人集体决策、集体管理、和谐高效的良好局面,从而形成事务所发展的良性循环和良好的事务所企业文化,对于提高审计质量也有一定的助益作用。(5) 组织形式的转变和特殊的普通合伙制的采用,可以实现事务所规模的迅速扩大,从而有利于其规模效率的发挥和行业专业化能力的培养,也为审计质量的提高提供了实现路径。(6) 从审计质量的定义看,审计服务的质量取决于审计师的独立性和专业胜任能力(DeAnglo,1981)。而会计师事务所的组织形式从有限责任制转制为特殊的普通合伙制后,由于合伙人承担的风险由有限责任转变为无限责任,因此,对其独立性提出了更高的要求。与此同时,由于通过努力工作可以成为合伙人,也会激励注册会计师不断提升自己的专业胜任能力,从而使审计质量得以提高。综上所述,从理论上说,会计师事务所组织形式从有限责任制向特殊的普通合伙制的转变将有助于审计质量的提高和整个注册会计师行业的持续健康发展。

围绕着会计师事务所的组织形式变化对审计质量的影响,国内外文献进行了分析。从国外的文献来看,Muzatko 等(2004)考察了 1994 年美国的会计师事务所从普通合伙制到有限责任合伙制的转变对 IPO 折价的影响,他们认为会计师事务所组织形式从合伙制向有限责任合伙制的转变会减少事务所可用于诉讼赔偿的财产,也会减少事务所合伙人之间相互监督的动机从而降低审计质量,由于这两方面的原因,投资者会对 IPO 公司特别是存在较高诉讼风险的 IPO 公司给予更高的折价以作为对应。Dye(1995)认为审计质量、注册会计师的法律责任与会计师所拥有的财富是直接相关的,通过一个均衡模型,文章研究了公司制的采用可能会对审计市场的行为、结构与绩效产生的影响,结果发现,规模大、资本多的会计师事务所如果采用有限责任制,将会导致事务所的质量降低,而小型的资本少的会计师事务所为保持自己的市场份额将不会选择有限责任制;无限责任合伙制的采用将会阻碍大型会计师事务所进入审计市场,但如果允许采用有限责任制,则会导致审计市场的激烈竞争并使均衡的审计费用下降。

从国内的情况来看,由于 2010 年之前我国会计师事务所只允许采用普通合伙制和有限责任公司制两种组织形式①,所以大部分会计师事务所都采用了有限责任的组织形式②。关于会计师事务所不同组织形式可能产生的经济后果包括对审计质量的影响,主要以规范研究为主,研究内容包括对国外会计师事务所组织形式的发展演进进行介绍,对不同会计师事务所组织形式的优缺点进行分析,以及对我国会计师事务所应采取的组织形式进行

---

① 现行《注册会计师法》第二十三条、第二十四条分别规定了会计师事务所的两种组织形式,一是合伙制,二是有限责任制。除此之外,深圳市根据《深圳经济特区注册会计师条例》,可依法设立个人会计师事务所、特殊普通合伙会计师事务所,但这两种组织形式还主要限于深圳市。新修订的《合伙企业法》增加了一种新的"特殊的普通合伙"组织形式。这是专为会计师事务所等专业服务机构设定的,是在普通合伙基础上的一种制度创新。

② 根据中注协的统计,截至 2009 年年底,会计师事务所前百强中,组织形式为有限责任制的会计师事务所为 96 家,只有 4 家会计师事务所采取普通合伙制的组织形式。

分析与建议等。只有较少的文献进行了实证和模型分析。原红旗等(2003)实证检验了会计师事务所组织形式对审计意见的影响,研究发现,会计师事务所的不同组织形式没有对审计意见产生显著的影响。但由于当时国内会计师事务所未允许使用特殊的普通合伙制,因而其研究只分析了普通合伙制和有限责任公司制组织形式对审计质量的影响;另外,以审计意见作为审计质量的替代指标有一定的局限性。王杏芬等(2007)以审计失败作为审计风险的替代指标,考察了会计师事务所的组织形式对审计失败的影响,发现有限合伙制对审计失败有着显著的负向影响,但由于其样本中有限合伙制会计师事务所只有3家,因而影响了研究结论的可靠性。刘斌等(2008)通过建立审计质量的二次函数模型,分析了不同组织形式的会计师事务所的审计质量差异,研究发现,在有限合伙制下,随着客户数量的增多,会计师事务所的审计质量上升,发生审计失败的概率下降,但研究结论未得大样本的经验证据的支持。

综合来看,关于会计师事务所组织形式对审计质量的影响,实证研究文献较少,而我国会计师事务所的大规模转制则为此提供了一个很好的研究机会。从我国审计市场的发展现状来看,我国的审计市场并未形成寡头垄断的市场结构,尽管"四大"会计师事务所的营业收入位列我国会计师事务所营业收入的前四名,但无论是按照审计收入还是客户资产所占比重来计算,"四大"在证券审计市场的份额都未超过50%,远低于80%多的美国以及其他市场份额更高的国家。此外,从绝对数来看,我国拥有超过6 000多家会计师事务所,以及44家(截至目前)具有证券资格的会计师事务所,审计市场的竞争还很激烈,恶性竞争、低价揽客行为也时有发生,从而影响了整体审计质量的提升。通过事务所组织形式的转制,一方面,为事务所规模的迅速做大提供了契机,有利于优化审计市场的结构,促进事务所之间的良性竞争,从而有助于独立审计市场整体审计质量的提升;另一方面,我国目前整体的独立审计质量不高的一个原因就是由于允许采用有限责任制,事务所与注册会计师所需承担的法律责任不高,而法律责任、注册会计师的财富和审计质量之间存在必然的联系(Dye,1995)。因此,通过事务所组织形式的转变,可以提高注册会计师的法律责任,从而有助于提高独立审计质量。基于以上分析,我们提出研究假说:

研究假说:会计师事务所由有限责任制转制为特殊的普通合伙制后,审计质量会得到显著提高。

12.2 研究设计

12.2.1 会计师事务所组织形式转制案例选取

本章以具有 H 股审计资格并在 2011 年年底前率先完成转制的 4 家国内大型会计师事务所(分别是立信、富浩华、中瑞岳华、天健)作为研究对象[①],探讨这些会计师事务所在改制前后的审计质量变化。由于国内事务所主要从 2010 年开始进行转制工作,本章以 2010 年度作为转制的过渡期,以 2011 年度作为转制后的年度,以 2009 年作为转制前的年度。

12.2.2 变量的定义与模型的设定

关于审计质量的衡量,本章选取操控性应计数作为替代变量。其中,关于操控性应计数的衡量,本章所采用的是修正的分行业横截面 Jones 模型(Industry Modified Jones Model)。根据 DeChow 等(1995)的研究,修正后的 Jones 模型是在考虑产销环境变动的情况下,估计操控性应计数的最佳模型。另外,过去也有不少文献发现,修正后的 Jones 模型以分行业横截面的方式比时间序列的方式更为有效(DeFond 和 Jiambalov,1994;Tech 等,1998)。所以本章也采用修正的分行业横截面 Jones 模型估计操控性应计数(DA)。修正后的 Jones 模型如下:

$$TA_{ijt}/A_{ijt-1} = \alpha_{jt}(1/A_{ijt-1}) + \beta_{jt}[(\Delta REV_{jt} - \Delta REC_{jt})/A_{ijt-1}] + \gamma_{jt}(PPE_{ijt}/A_{ijt-1}) + \varepsilon_{ijt}$$

---

① 《中国会计报》记者从财政部独家获悉,随着京都天华会计师事务所从有限责任公司转为特殊普通合伙形式,目前我国获准从事 H 股企业审计业务的 8 家本土大型事务所已全部完成转制。此前,天职国际会计师事务所已经提前完成转制,为 2013 年年底前我国其他证券期货业务资格事务所完成转制工作,创造了一个良好的开端(2011-12-27)。但是,通过查阅上市公司年报发现,只有立信、富浩华、中瑞岳华、天健在 2011 年年报中是以特殊的普通合伙方式出现,其他四家于 2012 年才完成工商登记和更名工作。因此,本研究以四家完成全部改制手续的事务所作为研究对象。

TA_{ijt} 为第 j 行业,第 i 家公司,第 t 期总应计数,以营业利润减去经营活动现金流得到;A_{ijt-1} 为第 j 行业,第 i 家公司,第 $t-1$ 期资产总额;ΔREV_{ijt} 为第 j 行业中,第 i 家公司,第 t 期的主营业务收入变动数;ΔREC_{ijt} 为第 j 行业中,第 i 家公司,第 t 期的应收账款变动数;PPE_{ijt} 为第 j 行业中,第 i 家公司,第 t 期的厂场设备总额;ε_{ijt} 为第 j 行业中,第 i 家公司,第 t 期的误差次。

12.2.3 模型的设定

根据以往的研究文献,有很多变量与操控性应计数有关,因而在建立模型时必须把下列变量作为控制变量。根据 Watts 和 Zimmerman(1986)的研究,负债比例(Lev)较高的公司为了避免违反有关债务契约条款,管理当局有可能操纵盈余。DeFond、Jiambalro(1994)和 Warfield 等(1995)的研究则认为负债比例与操控性应计数正相关,但是,高负债比率的企业也有可能与财务困境有关,因而有压低盈余以获取重新协议时较优厚债务条件的动机(DeAngelo 和 Skinner,1994),因而负债比率(Lev)的预期符号无法确定。Dechow 等(1995)的研究显示经营活动现金流量(Ocf)与操控性应计数负相关,因而我们也预期经营活动现金流量符号为负。Ghosh 和 Moon(2003)则指出成长型公司(Gw)操控性应计数较大。Becker 等(1998)和 Francis 等(1999)则研究显示大事务所更有可能限制操控性应计数,本章以国际四大(Big4)在国内的合资所作为代理变量,预期符号为负。Becker 等(1998)还认为公司规模(Size)可能代表更多的遗漏变量,因而也将公司规模作为控制变量。根据 Francis 等(1996)的研究,当公司有较大的潜在内生应计项目时,管理当局操纵盈余的空间则较大,因此本章也将总应计数(Ta)作为一个控制变量,预期符号为正。根据陆建桥(1999)、Antle 等(2002)以及 Frankel 等(2002)的研究,亏损(Loss)公司更有可能进行盈余操纵,因而本章也将其作为控制变量。另外,上市公司的审计意见也可能与操控性应计数有关(Opinion),一般被出具非标准审计意见的公司操控性应计数可能较大。此外,根据 Kasznik(1999)、Kothari(2001)等的研究发现,上市公司的盈余业绩通常与非正常应计数正相关,因此本章以 Roa 作为经营业绩的衡量指标,以控制盈利对非正常应计数的影响。

因此,为了检验会计师事务所组织形式变化对审计质量的影响,设立如下模型:

$$DA_{i,t} = \beta_0 + \beta_1 Legalform_{i,t} + \beta_2 Size_{i,t} + \beta_3 Lev_{i,t} + \beta_4 Roa_{i,t} + \beta_5 Loss_{i,t} + \beta_6 Cfo_{i,t} + \beta_7 Growth_{i,t} + \beta_8 Opinion_{i,t} + \delta \quad (1)$$

模型(1)中 DA 为应变量,代表操控性应计数,根据分行业的横截面 Jones 模型计算得出(以期初总资产平减后)。Legalform 是测试变量,以虚拟变量表示,如果会计师事务所组织形式为特殊的普通合伙制则为 1,如果会计师事务所组织形式为有限责任公司制则为 0,预期其系数为负,表示会计师事务所改制后的审计质量提高。模型(1)中的其他变量是影响 DA 的控制变量,其中,Size 代表公司的规模,用公司总资产的自然对数表示;Lev 代表公司的负债情况,用公司的资产负债率表示;Roa 表示公司的盈利情况,用总资产收益率表示;Cfo 代表公司的现金流量,用经营活动现金净流量表示;Loss 是代表公司是否亏损的哑变量,如果公司本年度发生亏损则为 1,否则为 0;Growth 代表成长性,用营业收入的增长率来表示;Opinion 代表审计意见,如果被审计单位被出具了非标准的审计意见报告则为 1,否则为 0;Ta 是总应计数,根据净利润和经营活动现金流量计算得出。

12.2.4 数据来源

为检验本章的假说,我们选取四家已完成全部转制手续的会计师事务所(分别是立信、富浩华、中瑞岳华、天健)作为研究对象,选取 2009 年和 2011 年度被这四家会计师事务所审计的上市公司作为研究样本,考察这些公司在 2009 年与 2011 年度的操控性应计数的差异。在剔除变量缺失的样本及金融业的样本后,共得到研究样本 918 个,其中 2009 年研究样本 345 个,2011 年度研究样本 573 个。此外,为保证研究结论的可靠性,我们根据配比原则选取了 604 个配对研究样本,2009 年与 2011 年度分别为 302 个。研究数据来源于 CSMAR 数据库。

12.3 实证结果与分析

12.3.1 描述性统计

表 12-1 是相关变量的描述性统计。从描述性统计的结果来看,样本的操控性应计数(DA)存在较大的差异,最大值达到了 5.897,但最小值只有 −0.871。此外,公司的资产负债率(Lev)和成长性($Growth$)也存在较大的差异。

表 12-1 变量的描述性统计

变量名	样本数	均值	标准差	最大值	最小值
DA	918	0.028	0.322	5.897	−0.871
$Legalform$	918	0.62	0.485	1	0
$Size$	918	21.739	1.1595	26.221	18.587
Lev	918	0.451	0.211	0.944	0.013
Roa	918	0.044	0.059	0.313	−0.477
$Loss$	918	0.266	0.080	1	0
Cfo	918	0.073	0.662	17.004	−6.579
$Growth$	918	0.025	0.869	0.997	−20.374
$Opinion$	918	0.030	0.156	1	0
Ta	918	0.004	0.082	0.430	−0.510

12.3.2 相关性分析

表 12-2 是单变量的 Pearson 相关性分析结果。从表 12-2 的结果可以看出,因变量即操控应计数与公司组织形式哑变量($Legalform$)显著负相关,说明特殊的普通合伙制相对于有限责任制可以显著降低被审计单位的操控性应计数,审计质量有显著提高,这就初步证实了本章的研究假说。从表 12-2 的相关性分析结果还可以发现,被审计单位的操控性应计数还与公司的规模($Size$)、盈利能力(Roa)、现金流量(Cfo)显著负相关;与公司的负债比率(Lev)、总应计数(Ta)显著正相关。此外,亏损公司($Loss$)和被出具非标准审

表12-2 Pearson相关性分析

	DA	Legalform	Size	Lev	Roa	Loss	Cfo	Growth	Opinion
Legalform	-0.098 (0.003)								
Size	-.0394 (0.000)	0.061 (0.063)							
Lev	0.132 (0.000)	-0.187 (0.000)	0.446 (0.000)						
Roa	-0.198 (0.000)	0.138 (0.000)	-0.016 (0.621)	-0.491 (0.000)					
Loss	0.085 (0.010)	-0.133 (0.000)	-0.108 (0.001)	0.191 (0.000)	-0.460 (0.000)				
Cfo	-0.126 (0.000)	-0.172 (0.000)	-0.044 (0.188)	-0.196 (0.000)	0.250 (0.000)	-0.123 (0.000)			
Growth	0.353 (0.000)	0.324 (0.000)	0.092 (0.005)	-0.049 (0.137)	0.332 (0.000)	-0.258 (0.000)	-0.008 (0.815)		
Opinion	0.015 (0.656)	-0.020 (0.555)	-0.127 (0.000)	0.143 (0.000)	-0.224 (0.000)	0.374 (0.000)	-0.067 (0.043)	-0.125 (0.000)	
Ta	0.194 (0.000)	0.316 (0.000)	0.044 (0.186)	-0.161 (0.000)	0.298 (0.000)	-0248 (0.000)	-0.703 (0.000)	0.203 (0.000)	-0.121 (0.000)

注：***表示在1%的统计水平上显著；**表示在5%的统计水平上显著；*表示在10%的统计水平上显著。

计意见报告(Opinion)的公司操控性应计数更大。这些结果与大多数文献的结论一致。

12.3.3 分组检验

在描述性统计和单变量的相关性分析的基础上,我们还进行了配对样本的分组检验,结果如表 12-3 所示。从表 12-3 的分组检验结果可以发现,无论是均值还是中位数,特殊的普通合伙制下事务所审计客户的操控性应计数都显著低于有限责任制下事务所审计客户的操控性应计数,这就进一步证实了本章的研究假说,说明会计师事务所组织形式从有限责任制向特殊的普通合伙制的转制有助于审计质量的改善。此外,配对样本在公司规模、成长性方面,无论是均值还是中位数都存在一定的差异,其他变量在均值和中位数上的差异则不完全一致。

表12-3 会计师事务所组织形式对审计质量影响的单变量分组检验

	均值		T 值 (t test)	中位数		Z 值(Mann-Whitney U test)
	有限 责任制	特殊的普 通合伙制		有限 责任制	特殊的普 通合伙制	
DA	0.054	−0.009	2.809***	0.025	−2.847	3.557***
$Size$	21.644	21.972	−3.438***	2.145	2.182	−3.640***
Lev	0.494	0.496	−0.145	0.511	0.503	0.014
Roa	0.039	0.046	−1.358	0.036	0.037	−0.872
$Loss$	0.100	0.060	1.774*	0	0	1.771*
cfo	0.125	0.061	1.014	0.080	0.042	4.299***
$Growth$	−0.103	0.042	−5.220***	0.026	0.128	−6.314***
$Opinion$	0.020	0.020	−1.702*	0	0	−0.304
Ta	−0.023	0.010	0.304	−0.025	0.012	−5.945***

注:***表示在1%的统计水平上显著;**表示在5%的统计水平上显著;*表示在10%的统计水平上显著。

12.3.4 多元回归分析

表 12-4 是多变量回归分析的结果。为保证研究结论的可靠性,我们分别采用了不配对样本和配对样本进行了多元回归分析,结果分见第 3 列和第 4 列所示。从表 12-4 的多元回归分析结果可以发现,无论是非配对样本还是配对样本,反映会计师事务所组织形式的哑变量都与被审计客户的操控

性应计数负相关,回归系数分别达到了 -0.052 和 -0.064,且都在 1% 的统计水平上显著。这就证实了本章的研究假说,说明特殊的普通合伙制组织形式的采用,可以显著降低被审计客户的操控性应计数,审计质量有显著的改善。就其内在原因来说,可能如前文所述,一方面,可能是特殊的普通合伙制组织形式的采用,使事务所与注册会计师所需承担的风险显著增强,对审计质量提出了更高的内在要求;另一方面,随着特殊的普通合伙制组织形式的采用,会计师事务所的规模效应和企业文化都有了显著变化,对审计质量的提高产生了溢出效应。

表12-4 多变量回归分析结果

变量	预测符号	非配对样本	配对样本
$Constant$	?	1.042 (4.17)***	1.525 (6.84)***
$Legalform\_$	−	−0.052 (−2.90)***	−0.064 (−3.26)***
$Size$	−	−0.049 (−4.01)***	−0.071 (−6.48)***
Lev	+	0.193 (2.71)***	0.166 (2.15)**
Roa	−	−0.236 (−0.97)	−0.116 (−0.47)
$Loss$	+	0.012 (0.25)	0.007 (0.15)
Cfo	−	−0.003 (−0.19)	−0.004 (−0.27)
$Growth$	+	0.048 (4.12)***	0.038 (3.68)***
$Opinion$	+	0.046 (0.61)	0.019 (0.21)
Ta	+	0.439 (4.26)***	0.571 (3.80)***
$Adjust\ R\text{-}Square$		0.083	0.138
F		48.46***	85.07***
Obs		918	604

注:括号内是 T 值。*** 表示在1% 的统计水平上显著;** 表示在5% 的统计水平上显著;* 表示在10% 的统计水平上显著。

从控制变量来看,被审计单位的操控性应计数与公司的规模($Size$)显著负相关;与公司的负债比例(Lev)、成长性($Growth$)和总应计数(Ta)显著正相关;未发现与公司的盈利能力(Roa)、现金流量(Cfo)以及审计意见($Opinion$)显著相关。这可能与本章的研究样本相对较少有关。

12.3.5 稳健性测试

为保证研究结论的稳健性,我们还进行了稳健性测试。首先,根据营业利润计算操控性应计数,并以此为基础对研究假说进行多元回归分析,结果如表12-5所示。从表12-5的多元回归分析结果可以看出,无论是非配对样本还是配对样本,反映事务所组织形式的变量都与被审计客户的操控性应计数显著负相关,与表12-4的研究结论一致。其他控制变量的结果与表12-4的回归结果也基本一致。其次,我们对相关变量的衡量进行了调整,如采用净资产收益率(ROE)替代反映公司的盈余能力,增加反映公司盈余管理风险的变量,如ROE是否处于1%至2%之间,以及是否处于6%至7%之间等;以$Tobin\ Q$代表公司的成长性等(结果未列示)。总的来说,稳健性测试的结果表明,本章的研究结论是可靠的。

表12-5 多变量回归分析结果(根据营业利润计算DA)

变量	预测符号	非配对样本	配对样本
$Constant$	?	1.148 (4.58)***	1.521 (6.44)***
$Legalform$	−	−0.059 (−3.25)***	−0.067 (−3.25)***
$Size$	−	−0.054 (−4.38)***	−0.071 (−6.13)***
Lev	+	0.201 (2.81)***	0.179 (2.20)**
Roa	−	0.029 (0.11)	0.141 (0.54)
$Loss$	+	0.015 (0.32)	0.007 (0.15)
Cfo	−	−0.007 (−0.42)	−0.005 (−0.33)
$Growth$	+	0.046 (4.02)***	0.042 (3.87)

续表

变量	预测符号	非配对样本	配对样本
Opinion	+	0.028 (0.36)	0.018 (0.20)
Ta	+	0.547 (3.86)***	0.595 (3.76)***
Adjust R-Square		0.080	0.133
F		62.35***	81.23***
Obs		918	604

注：括号内是 T 值。*** 表示在1%的统计水平上显著；** 表示在5%的统计水平上显著；* 表示在10%的统计水平上显著。

12.4 小 结

会计师事务所从有限责任制转制为特殊的普通合伙制，从理论上讲，有助于克服有限责任制的制度缺陷，从而促进会计师事务所做大做强。但与此同时，股东变为合伙人，股东所须承担的责任也从有限责任变为合伙人的无限责任，合伙人须承担的风险显著增强，因此，也对风险控制与审计质量提出了更高的要求。那么，我国会计师事务所从有限责任制到特殊的普通合伙制的转变是否提高了审计质量？

基于此，本章以国内四家具有 H 股审计资格并率先完成所有转制手续的会计师事务所为样本，以被审计单位的操控性应计数作为审计质量的替代指标，考察了会计师事务所组织形式从有限责任制转制为特殊的普通合伙制对审计质量的影响。研究发现，会计师事务所转制后，审计客户的操控性应计数显著下降，审计质量得到显著提高。本章的研究表明，会计师事务所的转制，对于提高我国独立审计质量，促进会计师事务所的做大做强和注册会计师行业的持续健康发展具有积极意义。应采取有效措施鼓励大中型会计师事务所从有限责任制转制为特殊的普通合伙制。

CHAPTER 13

会计师事务所组织形式变化的经济后果：基于信永中和会计师事务所改制的案例分析

本章主要通过案例研究的方式,分析信永中和转制所带来的经济后果,对比分析转制前后事务所在供给双方视角下的变化,以此来检验这次转制的成效。案例分析中还与"四大"所及行业平均水平作比较,以全面探讨本次转制的经济后果。本案例分析所选取的样本范围为 2009—2013 年间沪深两市 A 股所有上市公司,并着重考察信永中和及"四大"所这五年间所有 A 股上市公司审计客户的观测数据。①

13.1 案例简介

13.1.1 信永中和公司简介

信永中和会计师事务所兴起于 20 世纪 80 年代,一直以来,坚持高品质、高服务的理念,是一个在全国拥有多家分所,拥有数千员工的本土大所。该所奉行稳扎稳打的作风,具有不为外界所动的定力,在顺应事务所"做大做强"的潮流的同时,能够抓住机遇,积极行动。截至 2014 年年底,其在全国拥有 21 家分所,总部设在北京,另外 21 家分所设在上海、成都、深圳、长沙、长春、广州、南京。信永中和从成立之初至今不断开拓创新,业务规模不断扩大,不仅为客户提供基本的审计业务,还参与咨询、证券期货等多项业务。其间,信永中和经历了多次整合和重组,其自身的组织构架、管理理念和业务模块也能适应市场的需求顺势而变,优秀的企业文化也为信永中和的成功奠定了基础。

---

① 本案例使用的数据资料来源如下:被审计客户数据、内部治理机制、审计收费、审计意见、财务指标等全部数据来自于 CSMAR 数据库(http://www.gtarsc.com/);事务所出资总额、合伙人数据、注册会计师人数、审计员人数等信息来源于中国注册会计师协会网站(http://cmis.cicpa.org.cn/);事务所总收入及排名资料来自于中注协每年公布的《会计师事务所综合评价前百家信息》;部分不全的数据资料手工搜集于和讯网(http://www.hexun.com/)。

13.1.2 信永中和转制历程

2011年在财政部下达转制文件后,信永中和便在其事务所内部展开了一系列转制行动。在转制之前,其组织形式是有限责任制,拥有股东8名,注册资本600万。转制前的注册会计师人数有394名,专业执业人员424名。在转制之后,信永中和对其内部组织架构以及事务所出资总额进行了重大调整。到2014年12月底为止,信永中和扩大了其组织架构,合伙人数上升为106名,出资总额高达3 242.5万元,注册会计师数量为308名(总所),含分所的注册会计师人数为1 206名;专职从业人员为723名(总所),含分所的从业人员人数为2 653名。

信永中和转制为特殊的普通合伙制后,资本总额从原来的600万增加到2012年的2 481.2万,到2014年又增长到3 243.5万。转制后,合伙人数激增,从原来的8名股东上升到如今的106名。但是也发现,注册会计师人数却不及当年,究其原因,首先是一些曾经没有资格成为股东的注册会计师,在转制后有机会转为事务所合伙人,这使得合伙人数量增加,而转为合伙人的这部分注册会计师拉低了非合伙人注册会计师的数量;其次是一些不能成为合伙人的员工出于自身发展的考虑而离开公司,这也导致一部分注册会计师的流失。

值得一提的是,信永中和会计师事务所在改制前的实际运营模式和如今的合伙制极为相似,管理制度的建立也以这种构架为前提,这为特殊的普通合伙制在信永中和的快速使用提供了坚实的根基。

当然,信永中和在转制过程中也并非一帆风顺,例如信永中和随着业务规模的扩大,会拓展很多新的业务模块,对于一些非审计业务,事务所应该如何进行管理?合伙人对于这些非审计业务应该承担怎样的责任?而在事务所法律责任的问题上,信永中和也提出了有价值的问题:事务所相关业务报告签字是否还需要两个人?签字注册会计师一定要承担无限连带责任吗?与普通合伙制相比,特殊的普通合伙制最大的优点是对合伙的法律责任进行了进一步的详细解析以及确认。据了解,信永中和的一个项目如果要进行下去,必须要得到合伙人和总经理两个人的签字。事务所如果出现审计风险,非合伙人不论是否有过错都得承担相应的责任,这一安排显然是不公平的。所以,这些问题还需要会计师事务所会同有关部门研究并出台合理的规定。

2011年年底，信永中和完成其事务所组织形式转变工作。那么，在顺应经济发展趋势，响应政府政策前提下的转制实践，形式上的变革是否意味着实质上的改变？事务所审计风险的提高、法律责任的增大是否意味着审计服务质量的提升？以下将主要探讨信永中和转制的经济后果，通过分析转制前后事务所相关审计指标的变化，来检验事务所转制的成效。截至2012年年底，"四大"以及本土大所已相继完成转制工作。本研究还将通过对比"四大"和本土大所的审计服务情况，基于行业平均水平，研究信永中和转制前后各项指标的变化情况，并做深入分析。

13.2 从供给方视角分析会计师事务所转制的经济后果

审计服务主要是对公司出具的审计报告进行核查，通过财务报表反映的信息来判断公司的财务状况和经营成果，并通过其自身的判断能力，向审计报告信息使用者传递正确的鉴证结果。审计师能否发现企业财务报告存在的违规行为和盈余管理行为，能否发现财报中存在的错弊并告知委托人，这些都决定了审计报告质量的高低。而事务所要想提高自身的审计质量，势必要提高自身的专业素养，而审计业务的执行能力和实力决定了事务所能否提供高质量审计服务。

会计师事务所转制后，注册会计师的法律责任较转制前的有限责任制更高，面临的法律风险上升。转制后，事务所一方面扩大了自身规模，另一方面要求自身具备更高的专业服务能力，为了尽快适应转制带来的一系列变化，事务所自身的转变也是巨大的。会计师事务所是典型的"人合"组织，其内部风险控制策略、审计监督措施以及注册会计师的独立性与专业性决定了审计报告的质量。

会计师事务所作为审计业务的鉴证者，其在市场中有特殊的地位和作用，如果审计业务失败就会面临法律诉讼的风险。因此，事务所应该从风险管控的角度来控制审计质量。尽管在我国，事务所出现审计失败的情况后

会计师事务所组织形式变化的经济后果：基于信永中和会计师事务所改制的案例分析

面临诉讼风险的可能性较低，但是一旦需要承担相应的责任，产生的后果也是较大的。

中天勤①事务所由于审计失败而倒闭，此事件不能不让人反思。事务所能否降低被审计公司的盈余管理行为、防止审计意见的变通行为、降低签字注册会计师的审计风险，不仅直接影响会计师事务所提供何种水平的审计服务质量，也是转制后事务所防范审计风险应当关注的焦点。

从会计师事务所的角度，也即审计供给方视角来探讨事务所转制的经济后果，往往更加注重事务所转制后的一系列举措对其真实监督强度的影响。本章主要基于会计师事务所风险管控策略，更多地关注信永中和组织形式的变化对事务所自身所产生的影响，以此来对比分析转制前后信永中和在审计质量、防范风险上的差异，并通过差异分析来检验转制给事务所带来的成效，以回答"政府推动下的转制是否有利于事务所真正做大做强"这个问题。考虑到转制对事务所的很多方面都会产生影响，本章由于篇幅原因，也考虑到部分资料的可获得性，因此，主要从信永中和内部治理机制和发表审计意见类型这两方面来着重分析事务所转制产生的经济后果，用这两个方面的变化情况来以小见大，以期挖掘有价值的信息。

13.2.1 内部治理机制研究

完善的会计师事务所内部治理机制是提高审计服务质量和会计信息质量的前提条件，也是事务所稳健发展以及会计师事务所国际化的重要保证（王军，2006）。良好的内部治理机制有利于注册会计师与业务关联方建立良好的合作关系，这既有利于提高审计服务的质量，也保障了社会公众利益，同时也保障了注册会计师的个人利益。

为了提高会计师事务所的审计服务质量，实现真正做大做强，财政部工商总局等部门积极制定可行的政策方针，为事务所内部治理机制的完善发挥了有效的推动作用。2010年，财政部出台的相关规定②要求行业排名前十的大型事务所在2010年年底前完成转制工作；在2011年年底前，行业排

---

① 中天勤会计师事务所于2000年合并成立，以上市客户数量衡量，其是当年国内第一大证券资格会计师事务所，但由于银广夏案件导致其在合并后不久就被吊销了执业资格。

② 2010年7月财政部和国家工商总局联合发布《关于推动大中型会计师事务所采用特殊的普通合伙组织形式的暂行规定》。

名前200的中型事务所完成转制，以实现事务所真正意义上的强大，并有实力和能力承担行业风险与应有的企业使命。规定中还强调，事务所相继完成转制后，应进一步完善内部治理机制，加强内部控制和有效管理，切实在事务所业务、人员管理、财务核算和信息管理等方面实现一体化管理。

那么，本土会计师事务所组织形式转变后，在内部治理机制上应该做出怎样的变化？事务所利润该如何分配？事务所所有权应按怎样的构架安排？事务所转制增加了其自身的审计风险，使其面临的法律责任上升，为了防范风险，事务所往往会提高审计服务质量。提供高质量的审计服务是协调注册会计师与内外部审计信息使用者的核心点，良好的事务所内部治理可以保证事务所审计服务的有序进行，是提供高质量审计服务的保证。

2011年，信永中和开始相关的转制工作，在政策影响下的此次转制，一方面是顺应事务所发展前景的选择，另一方面也是政府政策影响下的事务所"影响力"导向的一次变革。以下主要阐述信永中和转制为特殊的普通合伙制后在其内部治理机制上的实践，以期发现转制引起的治理机制上的变化，并希冀从中总结出有价值的信息。

事务所转制带来的自身行为的积极效应往往存在时滞，前文中提到，事务所转制提高了事务所的法律责任，为了防范风险，其会提高自身的审计质量，而审计质量的提高会带来一系列效应，例如审计收费的提高、审计客户结构的优化、审计程序的优化等。而事务所转制所带来的此类效应的成效还有待检验，下文也会对转制所带来的一系列经济后果做具体分析。

13.2.1.1 转制前后所有权结构调整及利益分配

由表13-1可知，信永中和转制为特殊的普通合伙制后，出资总额从之前的600万上升到转制后的两千多万。合伙人数也较之前有了质的飞跃，从8名股东变为106名。但是，由于之前一些没有资格成为合伙人的注册会计师转为合伙人，从而导致转制后注册会计师人数减少了85人，2014年人数继续下降，减至297人。据了解，事务所转制前，原来的8名股东分别拥有66万—108万左右的出资额，比例在11%到18%之间，在转制之后仍然留在会计师事务所股东行列中。另外，信永中和会计师事务所一直以来的实际运营模式和特殊的普通合伙制是极为相似的，其管理构架与合伙体制是基本相适应的，管理制度的建立也以这种构架为前提。

对比转制前后数据，不难发现转制后信永中和在事务所规模上有了质的飞跃，出资总额从转制前的600万扩充到了2014年的3 242.5万，股东人数和从业人员数目都较转制前有了质的飞跃,从图 13-1 也可以明显看出信永中和转制后的资本总额有了较大幅度增加。但是,我们也应该了解一个事实,那就是做大并不一定等于做强,经济形势变幻莫测,事务所之间的同质化现象较为明显,事务所应该寻求新的出路,迅速找到一种适合自身发展的方式,做大以后,事务所需要在很多内部治理机制上做相应变革。

表13-1 信永中和会计师事务所基本信息表(总所)

项目	注册资本(万元)	合伙人数	合伙人以外的注会数	注会以外的从业人数
转制前	600	8	394	424
转制后 2012 年	2 481.2	64	309	465
转制后 2014 年	3 242.5	106	297	723

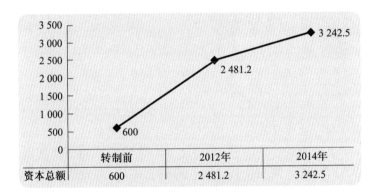

图 13-1 信永中和出资总额情况图

事务所在有限责任制组织形式下,利润分配比例通常按照各个股东的投资比例来确定,股东投资比例越高,分配的利润也就随着越多。而对于合伙制组织形式来说,其利润分配方式则灵活得多。合伙人在利润分配时会将合伙协议作为其主要依据。过去利润分配受出资比例的影响较大,而转制后利润分配时会更看重合伙人的个人能力、工作性质等。一直以来,有限责任制的组织形式由于其自身的一些优势而被大多数事务所推崇,合伙制的理念并未深入人心,会计师事务所及注册会计师们对合伙经营文化也缺少充分了解。转制后,新的利润分配理念使合伙人之间的交流增多,它保证了本土会计师事务所真正能够做大做强,有利于建立起一个合理的内部治理体系。

从表 13-2 可以看出,转制后合伙人数量增多,合伙人数量的增多分散了事务所股权。转制前,股东出资比例都在 5% 以上,而转制后比例分散化,转制后,合伙人或股东出资比例最低为 0.004%,最高也仅是 7.25%,而这样一个比例在转制前是难以看到的。转制前,合伙人最低出资比例为 11%,最高为 18%,远超转制后的数据。可见,转制确实分散了合伙人股权,合伙人数的增多,导致单个人的持股数量较之前是下降的。显然,转制后合伙人能够平等发表意见的机会更多了,这样就打破了曾经的几个股份独大的现象,这有利于事务所内部机制的有效运行。转制后,内部治理机制的完善一方面保证了合伙人的基本权利,另一方面也实现了事务所内部决策的科学化和民主化,合伙人股权的分散化趋势,提高了事务所的法律责任,对合伙人的专业性要求更高,这在一定程度上保证了事务所在转制之后职业质量上的提升。

表 13-2 合伙人(股东)基本情况表(总所)

项目	合伙人或股东总数	出资比例区间及人数			合伙人或股东最低及最高出资额(万元)		合伙人或股东最低及最高出资比例	
		小于 1%	1%~5%	5% 以上				
转制前	8	0	0	8	66	108	11%	18%
转制后	64	13	50	1	0.1	180	0.004%	7.25%

13.2.1.2 分所管控

会计师事务所要想做大做强,其在分所管控方面也应该加以重视。分所在业务执行和审计报告出具上有相对的自主性,但分所作为事务所的分支机构并不具备法人资格,其并不能独立地承担法律责任。所以,信永中和在转制后对其分所的管理要求更加严苛和具体,特别是在事务所的品牌维护、业务标准的制定、业务执行、人员招聘和培训等方面都做出了严格要求。同时针对事务所重要客户以及高风险客户的业务承接做出了具体的管理安排,对事务所的重要人事派遣以及任命都做了较为详细的规定。

改制后信永中和会计师事务所的总部设在北京,截至 2014 年,其在国内已建立了 21 家分所,见表 13-3。分所作为事务所的下属公司,并没有法人资格,信永中和总所会对分所在人员招聘和培训、财务会计、执业规范、审计质量控制与风险管控、信息传递等方面实施一体化的管控,总所通常会派出有经验的负责人,为分所做指导,要求和时刻检验分所对总所规章制度的执行情况。另外,总所会依据情况派出重要岗位的人员到分所,为分所注入新力量,也会视情况抽调分所的业务骨干到总所工作学习,以保证分所的有效管控以及执业质量。信永中和会计师事务所总分所一体化的统一管理是会计师事务所规模化、持续性发展、做强做大的必然要求。转制后,信永中和会计师事务所在其分所管理制度上的完善,保证了其执业质量的提升,也保证了全所制度执行的可靠性和高效率。

表13-3 信永中和总分所汇总表

信永中和会计师事务所(特殊普通合伙)
信永中和会计师事务所(特殊普通合伙)天津分所
信永中和会计师事务所(特殊普通合伙)太原分所
信永中和会计师事务所(特殊普通合伙)大连分所
信永中和会计师事务所(特殊普通合伙)长春分所
信永中和会计师事务所(特殊普通合伙)上海分所
信永中和会计师事务所(特殊普通合伙)南京分所
信永中和会计师事务所(特殊普通合伙)杭州分所
信永中和会计师事务所(特殊普通合伙)福州分所
信永中和会计师事务所(特殊普通合伙)青岛分所
信永中和会计师事务所(特殊普通合伙)济南分所
信永中和会计师事务所(特殊普通合伙)武汉分所
信永中和会计师事务所(特殊普通合伙)长沙分所
信永中和会计师事务所(特殊普通合伙)广州分所
信永中和会计师事务所(特殊普通合伙)南宁分所
信永中和会计师事务所(特殊普通合伙)深圳分所
信永中和会计师事务所(特殊普通合伙)重庆分所
信永中和会计师事务所(特殊普通合伙)成都分所
信永中和会计师事务所(特殊普通合伙)昆明分所
信永中和会计师事务所(特殊普通合伙)西安分所
信永中和会计师事务所(特殊普通合伙)银川分所
信永中和会计师事务所(特殊普通合伙)乌鲁木齐分所

13.2.1.3 人力资源管理

会计师事务所作为一个提供审计业务的服务性行业,其强调人力资源质量,人才队伍是其核心竞争力,所以,合理有效的人力资源管理是保证人才竞争力的重要前提。从表13-1可知,转制后事务所从业人员总数有所增长,在从业人员结构安排上也较转制前有显著差异。转制后,信永中和在人力资源政策与管理上进行了大胆探索与实践。

观察表13-4、表13-5,从数量上看,注册会计师人数在转制后较转制前有所减少,上面也曾分析,其中一个原因是转制后一部分注册会计师转入合伙人行列,合伙人队伍较转制前有所突破,而转制增加了合伙人的风险,那么无疑对新合伙人的要求也有所提高。而合伙人中注册会计师人员数量的增加是提高整个事务所体系专业性的保证,这也从一个方面反映出事务所转制带来了对审计服务质量上的更高需求。从图13-2的年龄结构饼图可知,信永中和会计师事务所注册会计师呈现年轻化趋势,截至2014年5月的数据显示,注册会计师中40岁以下的人数达639人,占全部注册会计师人数的53.88%;40~50岁员工仅占36.26%;而50岁以上的员工占比已不足10%;从图中也可以看出,占绝对优势的还是年龄层次在30~40之间的从业人员。考虑到从业人员的专业性以及工作胜任能力,年长的员工可能在工作业务上更具经验,然而他们也面临工作强度以及工作积极性方面的挑战,所以,事务所年龄结构年轻化是一个顺应发展趋势的有利选择。年轻从业人员相对具备更前沿的专业知识,拥有更强的工作能力和耐力,更能够接受严峻的挑战,与时俱进是他们的时代象征,所以,整个事务所人员结构的年轻化,一定程度上有利于提高事务所的核心竞争力,从业人员的专业化程度也保证了事务所高质量的审计服务水平。从注册会计师的人员学历结构来看,以总所为分析对象,66.66%的注册会计师已经达到本科及以上学历,大专及以下学历人员在事务所中所占的比例已经呈现逐年下降的趋势,可以看出,信永中和在转制后的最近几年在专业人员的选择上更加慎重,更加重视对优秀人才的吸引。通过人员管理上的分析,我们可以肯定信永中和具备提供高质量审计服务的能力和实力。

会计师事务所组织形式变化的经济后果：基于信永中和会计师事务所改制的案例分析

表13-4 信永中和员工年龄结构情况一览表

类别	<30		30~40岁		40~50岁		50~60岁		>60岁		合计
	人数	%	人数	%	人数	%	人数	%	人数	%	
注会年龄结构（含总所）	152	12.82	487	41.06	430	36.26	87	7.34	30	2.53	1 186
注会年龄结构（总所）	28	9.43	137	46.13	104	35.02	20	6.73	8	2.69	297

注：数据统计时间截至2014年5月。

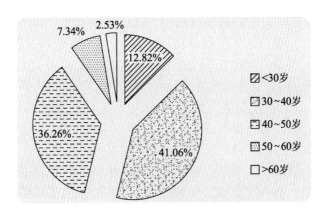

图13-2 信永中和员工年龄结构图

表13-5 信永中和员工学历结构一览表

学历结构	注会结构（总所）	占比%
博士研究生	0	0
硕士研究生	27	9.09
本科人数	171	57.57
大专及以下人数	99	33.33

在我国经济发展迅猛的现实背景下，审计行业的竞争也更加激烈，信永中和转制后，事务所开始重视企业自身的品牌价值，强调从业人员的专业胜任能力和事务所的服务质量。转制后，信永中和在其内部全体人员结构上的调整无疑是其提高事务所自身专业能力和服务质量的重要举措。转制后，信永中和更加注重人才管理，具体的体现包括：

（1）从人才选拔上看，转制后信永中和完善了契合企业文化的从业人员胜任标准,在责任心、抗压力、学习能力、专业能力、逻辑分析、数字敏感度等方面设计了与事务所相匹配的选拔评判模型,依据事务所的人才需求标准和竞争策略通过社会招聘、校园招聘甚至专家引荐等渠道进行优秀人才的选拔,同时建立了可靠高效的简历筛选程序、专业笔试、结构化面试、性格测试、群体面试等标准化招聘流程。以审计员招聘为例,转制前,信永中和在对人员评判标准上过于宽泛和形式化,转制后,在选拔人才时,会更加考虑面试者的综合能力和素质,评判标准更加严格慎重,但也吸引了更多综合实力较强的员工,如今的合伙人中加入了较多原"四大"或者曾在他所有丰富实战经验的优秀人才。

(2) 从员工管理上看,转制后,信永中和综合考量员工的专业胜任能力和职业道德水平,细分人才队伍,对专业人才予以分类管理,既巩固了基层工作人员队伍,又建立起擅长不同业务类型的人才队伍,并分工负责企业并购业务、金融业务、高端咨询业务、国有企业管理、质量控制、民营 IPO 等专业服务项目。在对员工绩效考核上,信永中和采用业务经理考核、部门评价、个人总结等综合评价模式。另外,信永中和会计师事务所还采用员工内部调动制度和员工申诉等模式,一方面会考虑事务所基本业绩,另一方面会参考管理成效,重视员工给事务所带来的贡献和价值提升,这保证了事务所对从业人员绩效考评的合理公正,又能做到人尽其才,人尽其用。

(3) 从培训育人上看,信永中和会根据员工的专业背景、从业年限、岗位职责、职业生涯规划等,制定由上而下的培训课程体系,力求培训模式的多样化和全面性。例如,针对无工作经验的审计新人,更强调在工作程序、审计底稿等基础技能上的培训;对于有多年审计经验的高级审计员,会加强其在职业判断方面的培训;如果工作年限更久,那么培训的重点将不再是专业知识上的传输,而会提供更多管理方面的技能和课程,包括项目管理能力、沟通技能、商务谈判、领导能力等方面的培训。

13.2.1.4 审计风险控制

审计业务是会计师事务所的核心,审计风险是其内部管控的重点,制定完善的内部风控制度有利于保障业务流程的合规有序。流程上的风控重点在审计业务的承接、前期准备活动、外勤业务、审计报告出具等一整套完整的审计流程上,在关键控制点上的风险控制也显得格外重要。转制后,在特殊的普通合伙制架构下,首席合伙人在事务所中的职责增大,其除了进行日常管理之外,为事务所制定提高盈利能力和行业竞争力的长期战略是其更

会计师事务所组织形式变化的经济后果：基于信永中和会计师事务所改制的案例分析

重要的职能，并能向事务所合伙人提出可行性建议，以实现事务所价值提高以及审计质量提高的目标。风险控制是事务所恒久不变的话题，信永中和转制后也一直通过各种方案完善风险控制体系以使自己发展壮大。

转制后，信永中和对事务所风险管理控制系统做了进一步细分，包括事务所风险管控环境、系统性风险管理、项目执行风险管理三个层次。

（1）风险管控环境。信永中和营造了良好的风控环境，建立起有效的管理机制。所有风控都由总所统一制定规定，各分支机构执行，垂直管理。

（2）系统性风险管理。针对风险管控的关键环节制定具体的管控办法及措施。具体管理内容包括事务所的相对独立、从业人员执业规范、项目承接、鉴证业务管理办法等。

（3）项目执行风险管理。事务所在执行项目过程中，以审计风险为核心，关注客户的计算机信息系统，强化特殊审计程序以防范企业舞弊行为，严格执行被审计客户风险评估程序。搜集被审计单位相关信息是一个动态持续的过程，要重视企业信息的及时更新和分析，此行为应贯穿于项目执行过程的始终。项目执行中的专业技术性要求从业人员通过自身专业能力的加强以及自己的判断，在项目执行的全过程中始终有风险控制的理念和控制手段。

信永中和事务所转制后面临的法律责任增加，审计风险增大，事务所一方面要提高自身的审计业务数量，增加自身的审计收入；另一方面，为了防范风险，不得不在提供审计服务时更加谨慎，在选择审计客户和发表审计意见时更加慎重。在博弈中，信永中和会做出何种选择？转制后，信永中和的选择往往能够体现出转制的影响和成效。

信永中和作为独立的第三方，应当保持其公平公正的审计原则，充分用好自身的专业技能，向客户及社会提供客观真实的财务信息以及审计信息，这会对市场交易产生很大影响。从另一个方面讲，一项业务的失败就有可能葬送整个事务所的事业。例如，国际"五大"之一的安达信由于审计失败而葬送于"安然事件"，从此"五大"变为"四大"，安达信也从此退出历史舞台。国内轰动一时的"银广夏"事件也再次证明了事务所面临法律风险时的脆弱，最终导致了中天勤的垮塌。近两年来，大大小小事务所消亡的情况时有发生，它们大多倒在了一两单业务上。那么，转制后的信永中和在风险管控方面是否有所重视，从下面的事例便可以看出。

2011年，信永中和在媒体上曾引起巨大反响，那是因为其对新华制药出具了否定意见的内控审计报告,这也是当年资本市场上唯一一份否定意见报告。据调查,新华制药作为一家大型国企,其拥有雄厚悠久的历史,公司在内部控制及治理方面都有着较好的基础。然而,信永中和在执行业务时发现,新华制药子公司对外有相当大额度的赊销资金,这导致企业发生了大额亏损,即便这纯属偶然事件,但该缺陷对企业财报产生的影响是巨大的,从内部审计标准来讲属于重大缺陷。新华制药因为这件事承受了巨大的压力,因为企业只是在某一点上出了问题,所以他们对这样的结果无法接受。可是,在当时的内部控制审计标准中对审计报告类型的选择是很有限的,信永中和出于自身审计责任和审计谨慎性要求,只能对新华制药的内控审计报告出具否定意见。从感情层面来讲,出具这样的审计结果对于信永中和来讲也是不忍心的,但事务所处于转制转型阶段,其面临的内外部压力也很大,依据信永中和内部风险管控制度和规定,在多次召开内部讨论会后,最终还是出具了否定的内控报告,坚持了应有的专业立场和职业操守。在这件反响较大的事件中我们不得不承认信永中和在转制过渡期及后期的审计风险防范上做得还是比较出色的。

另外,信永中和在承接收益很高的政府债业务时,发现其中存在极大的风险,虽然利润巨大,但经过事务所管理层和风险管理委员会多次全面的分析论证,最终认定这些项目的风险远超出事务所可承受的范围,于是便制定了详尽的退出计划。信永中和事务所转制后,面临的审计风险进一步加大,而面对极大风险的政府平台债业务,在转制后的 2012 年和 2013 年,信永中和忍住了巨大的利益诱惑而没有承接过地方债务的审计,体现了相当的职业定力。信永中和在转制后,能够切实落实转制所要求的内部治理机制上的完善,可见转制产生的经济后果是积极且有成效的。

13.2.2 发表审计意见类型

审计意见可分为标准无保留审计意见及非标准无保留审计意见。审计意见的形成过程如下:第一,审计人员对被审计公司进行调查;第二,在调查的基础上进行风险评估,并依据此评估做出审计方案;第三,将审计中涉及的重大问题与被审计公司有关人员讨论,需要更改的项目须公司有关人员进行调整;最后,需要依据最后的结果总结审计意见。结果水平高于重要性水平,出具保留或否定意见;反之,则出具无保留意见审计报告。如果审计过程受到干扰,则可出具无法表示的审计意见。

会计师事务所组织形式变化的经济后果：基于信永中和会计师事务所改制的案例分析

考察会计师事务所在转制前后非标准无保留意见出具频率的变化，不仅可以看出转制前后审计服务质量的差异，还可以看出转制后事务所针对客户资源的整合情况以及审计意见是否改变。会计师事务所转制后，审计风险的责任分担更加明确，合伙人将因为自己的过失承担相应的无限连带责任。为了避免责任的产生，转制后的事务所合伙人会更加谨慎地控制风险，发表高质量的审计意见，提供高质量的审计服务。

当出具非标准意见时，意味着注册会计师没有因为审计客户施加的压力而出具不恰当的审计意见，仍然保持了一定的独立性。依据 DeAngelo 的理论，认为非标准意见出具频率体现了事务所的业务执行质量。但是，我们也不能单纯地从反面去理解上面的理论分析。审计服务水平与非标准意见的出具频率之间并不是非此即彼的关系，事务所出具的非标准意见越多并不代表服务水平高，越少也并不代表服务水平差。因为非标准意见的减少也有可能是由于事务所出于对风险控制的要求而提高了风险容忍性，因此在承接业务时往往选择财务报表质量较好，更适合自己的审计客户；另外也有被审计公司的财务报表出现重大错误，但是经过沟通交流后，被审计单位接受了事务所要求的调整建议而做出了相应的调整，最终调整后的结果低于重要性水平，最终事务所出具了标准的无保留审计意见。因此，并不能绝对根据非标准审计意见类型的多少来评价事务所审计质量的高低，还要根据具体案例具体分析才能得出合理恰当的结论。

由于客户财务报表质量的难以衡量特性，本研究以 2009 年至 2013 年 4 年期间非标准无保留审计意见的出具频率来分析转制对该指标的影响，进而分析转制后的信永中和在相关资源整合和质量控制上是否导致了该指标的显著变化。

13.2.2.1　2009—2013 年间信永中和非标准无保留审计意见的出具频率

由表 13-6 可以看出，转制前的两年，非标准无保留审计意见的出具频率还保持在 8% 左右的一个水平，然而从转制当年开始就显著低于转制前的水平。并且非标准意见从 2011 年开始，即便信永中和的审计客户数量较转制前有大幅度的增加，其非标准意见占全部审计意见的比例仍处于一个下降的趋势，2013 年已下降至 3.29%，与转制前的 2010 年相比，下降了 58.57%。

表13-6 非标准无保留审计意见出具频率

年 份	2009	2010	2011	2012	2013
非标准无保留审计意见个数	7	8	6	6	5
全部审计意见个数	89	100	124	148	152
非标准无保留审计意见占比	7.87%	8%	4.83%	4.05%	3.29%

从之前的数据和分析可以得出以下结论,非标准意见出具频率的提高并不能简单地认定为审计质量的下降。可以这样解释这种下降:首先,事务所转制后,其本身面临的审计风险增加,承担的法律责任上升,在这样一种背景下,优质企业往往更受到事务所的青睐,但是优秀企业的判定,很大程度上会参考被审计单位前两年的业绩以及出具的审计意见类型。被审计单位如果之前两年被出具的是非标准的无保留意见,那么其报表中可能或多或少存在一些问题,或者是数据上的缺失,或者是公司本身的财务存在潜在问题。那么,事务所为了防范风险,倾向于减少这类客户来规避审计风险。而这些曾经被出具非标准意见客户数量的减少,很大程度上会改善事务所本身的审计客户结构,优化的客户结构使得转制后事务所的非标准无保留审计意见出具频率下降是有可能的。其次,从审计客户选择的分析可以看出,事务所当年减少的客户中除了一些被出具了非标准意见的,另外一些便是*ST公司。此类公司之所以被打上"＊"的标记,无疑是在提醒相关投资者或报表使用者关注公司潜在风险,这些公司要么没有在规定时间披露年报、半年报,要么就是公司的财报存在重大错弊或虚假,公司或主动或被证监会要求改正报表中的会计错弊和虚假,公司对以前年度财报进行的追溯调整,导致了其最近两年连续亏损。信永中和转制后增强了其自身的风险意识,在对此类公司进行审计时会更加谨慎,审计程序会更加严密,我们猜想事务所会更偏向于对此类公司出具非标准意见。那么下面就来分析在考虑ST客户影响下的非标准意见出具频率。

13.2.2.2 2009—2013年间考虑ST客户后审计意见的出具情况

实践中,我们发现ST公司会出于粉饰财务报表的目的而采取一些盈余管理的行为。而往往也是这些ST公司被事务所出具非标准无保留审计意见的概率更高些。因此,就需要对ST和非ST客户加以区分,着重分析信永中和案例中非标准无保留审计意见在这两类客户中的分布情况。

由表13-7可以看出,信永中和转制前,ST客户被出具非标准意见的比例在 2009 年和 2010 年分别是 14.29% 和 0%,换言之,信永中和客户中的 ST 客户被出具非标准意见的概率要明显小很多。而这一现象在转制之后有显著的差异。可以发现,转制后的当年,ST 客户的非标准意见出具频率达到了 16.67%,比转制前的两年都高。2012 年和 2013 年,ST 客户非标准意见出具比例反超非 ST 客户,达到了 60% 以上,而值得注意的是,此时的 ST 客户数量占总客户数量的比例已下降至 4% 左右,转制之后的 ST 客户数量表现出了长年下降的趋势。这意味着转制后的信永中和对 ST 客户的风险容忍程度更为严格,事务所一方面倾向于选择更优质的客户源,愿意放弃一些存在潜在审计风险的公司而去选择优质的大公司;另一方面,为 ST 客户提供的审计服务方面显得更加谨慎和周全,出具非标准意见的可能性也更大。这也体现了信永中和在转制后,考虑到组织形式上的变化,在实务中考虑自身风险而采取的一些积极行为,由此可见,转制给予信永中和在审计服务质量上的提升是显著的。

表13-7 非标准意见在 ST 和非ST客户中的分布情况

信永中和	2009		2010		2011		2012		2013	
ST 客户"非标"	1	14.29%	0	0%	1	16.67%	4	66.67%	3	60%
非 ST 客户"非标"	6	85.71%	8	100%	5	83.33%	2	33.33%	2	40%
合计	7	100%	8	100%	6	100%	6	100%	5	100%
客户数量分析										
ST 客户	5	5.62%	4	4%	7	5.65%	7	4.73%	6	3.95%
非 ST 客户	84	94.32%	96	96%	117	94.35%	141	95.27%	146	96.05%
合计	89	100%	100	100%	124	100%	148	100%	152	100%

13.2.2.3 非标准意见在信永中和转制前后的具体类型分析

本研究为了证明转制对信永中和审计质量的影响,选取了转制前后非标准意见类型的分布,以期望找到审计意见选择的偏好。

由表 13-8 可知,2009—2013 年,信永中和发表的审计意见主要集中在保留意见、无保留意见和无法发表意见这三种类型上。转制前,"无法发表意见"占比较高,转制后比例有了较乐观的改变,这一般是转制后资源优化的结果,这也从另外一个层面体现出信永中和在转制后对客户选择上的重视。当然,比例上的对比无法全面地反映信永中和事务所审计质量的变化,只是提供一个检验的手段。

表13-8 非标准意见具体分布类型

信永中和	2009	2010	2011	2012	2013
无保留意见加事项段	4	5	5	3	2
	57.14%	62.5%	83.33%	50%	40%
保留意见	0	2	1	3	2
	0%	25%	16.67%	50%	40%
保留意见加事项段	0	0	0	0	0
	0%	0%	0%	0%	0%
无法发表意见	3	1	0	0	1
	42.86%	12.5%	0%	0%	20%

13.3 从需求方视角分析会计师事务所转制的经济后果

产品质量包含内在和外在两种属性。内在属性指产品的质量，外在属性指产品的价格、品牌等。在审计中需求方和供给方存在财务报告信息的不对称，财务报表对事务所以及报表编制者是显性的，对其他利益相关者则是隐性的。

内在属性与外在属性是相辅相成的，内在属性的提升使得事务所可以为客户提供更好的服务质量，这是外在的基础，外在属性的提升使得事务所品牌得以提升，从而为事务所吸引了更多的优质客户，有助于内在属性的提升。

另一方面，事务所转制后，其法律责任增大，为了防范风险，会通过改变客户结构，选择更优质的客户来提高审计质量、防范风险。除了客户选择的改变外，审计收费也在一定程度上反映事务所的风险承受能力，事务所要想提供高质量的审计报告，往往会增加审计成本，而审计成本的提高在一定程度上需要提高审计收费来弥补。

在审计市场中，上市公司对事务所转制的反应可以体现对其行为是否认同，认同该行为则意味着可以吸引到更多的客户。如果事务所的转制是为了真正做大做强，那么也反过来会提高审计质量、防范风险。下面从不同客户结构的需求来分析需求方是否认可转制后事务所审计服务的提升。

13.3.1 客户选择

当会计师事务所发展到一定规模,拥有的客户数量较多时,单一客户的收入在事务所总收入中便显得微不足道,此时事务所拥有更高的独立性。此外,事务所客户数量越多,从客户方获得的"准租"也就越多,注册会计师为了防止准租的丧失就会降低"机会主义行为"。因此,会计师事务所会因为更多的客户数量而产生更高的审计质量。基于上述理论,本研究对信永中和转制前后客户数量与结构上的变化进行了分析,着重分析转制给其客户选择带来的影响。

13.3.1.1 信永中和转制前后被审计客户数量变化趋势

2009 年之前,信永中和一直走在扩张的前沿,2009 年完成了最近一次事务所合并,这很大程度上扩大了事务所的规模,信永中和凭借其高质量的服务水平以及上市客户数量上的优势取得了不错的成绩,一直排在本土会计师事务所的前列。[①] 从表 13-9 可以看出,2009 年,信永中和沪深两市 A 股上市公司客户数量已达 105 户,远高于"四大"会计师事务所的审计客户数量。由此可见,本土所最近几年的努力是卓有成效的。2011 年,信永中和响应政策号召,完成了事务所的转制,本研究截取 2009 年至 2013 年的相关数据,对比分析其转制前后客户数量及结构上的变化情况。

事务所	2009	2010	2011	2012	2013
信永中和	105	118	138	149	153
安永华明	35	36	40	44	38
德勤华永	19	24	32	34	39
普华永道中天	42	50	57	56	55
毕马威华振	17	19	19	19	20
"四大"所合计	113	129	149	153	152

表13-9 2009—2013年信永中和及"四大"年报被审计客户数量

观察 2009 年至 2013 年相关审计客户数量数据,从绝对数来看,信永中

---

① 2009 年,会计师事务所为获取 H 股审计资格,达到试点工作方案规定的门槛要求,浙江天健东方、信永中和、京都天华、大信、万隆亚洲、天健光华、中审亚太等会计师事务所在 2009 年都进行了相应转制工作。

和会计师事务所在转制后上市公司客户数量增长迅速,2011年较2010年增加了20家,增幅为17%,2012年增长了11家,增幅为8%,信永中和2013年相比2010年未转制时增多了35家客户。从上面的数据可知,未转制前,"四大所"在2009年和2010年审计客户合计数分别比信永中和多8家和11家,而转制后,这样的差距有了明显改变,2011年,差距维持在11家,2012年,差距已经缩小至4家,而到了2013年,数量有了一定程度的逆转,信永中和以多出"四大"1家略显优势。

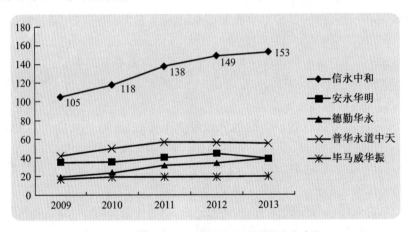

图13-3 信永中和及"四大"年报被审计客户数

从相对数来看,信永中和四年的审计客户平均增长率为10%,而"四大"平均增长速度仅为7%。转制前,信永中和的客户数量约为"四大"中客户量最多的普华永道的2.5倍,是毕马威客户数的6倍;经过2011年的转制之后,到2013年,已经是普华永道客户数的2.8倍,是毕马威客户数的7.6倍,转制效果还是比较显著的。

经过2011年转制之后,信永中和在客户数量和选择方面显得更加慎重,在转制给事务所带来更大的审计责任与风险的同时,一方面其业务谨慎性不断提高,另一方面,其对外显示出的"声誉"价值,也让市场客户有了一次重新选择。虽然2011年转制带来的价值体现不明显,但是转制带来的上市公司客户较上年增加了20家,增幅达17%。转制之后的三年时间里,信永中和每年客户的平均增幅为5.3%,这个数值要大大高于同期"四大"的1.01%。所以,从上述分析可以看出,信永中和的转制效果从数量上看还是比较显著的。

13.3.1.2 信永中和转制前后客户结构变化情况

本研究根据资产规模的大小将客户公司分为五类,分析各个资产规模的公司客户在信永中和的审计数量以考察其服务质量。由表 13-10 可知,在转制的过程中,资产规模 50 亿以下的客户占据很大一部分,转制之后这种占比已经从 2009 年的 70% 降至 2013 年的 64.3%。虽然这样的下降略显缓慢,但是,我们不得不承认转制前后事务所在对审计客户选择上变得更加慎重。对转制前后相关比率进行仔细对比后发现:资产规模小于 10 亿的小型客户所占比重较转制前有了大幅度下降,下降幅度达到 25.8%;资产规模在 10 亿至 20 亿之间的客户比重有所下降;资产规模在 20 亿至 50 亿的大中型客户所占的比重呈逐年上升趋势,平均增长率高达 32.3%。大中型客户的较大增幅,很大程度上显示了转制带来的客户结构上的转变。值得关注的是,转制之后的客户群中,资产规模在 50 亿以上的大中型客户在 2009 年至 2013 年中一直保持 15 户左右的数量,由于每年审计客户总数的上升,其占比反而呈下降趋势,这样的一个比例似乎并不能说明转制给事务所客户选择上带来了多大影响。但让人欣喜的是,资产规模在 100 亿以上的大客户数量变化比较明显,在转制完成之后的 2012 年和 2013 年有了一个较大幅度的增长,从绝对数量上看,已从 2009 年的 17 户增至 2013 年的 37 户,大客户占比已经从 16.19% 增至 2013 年的 24.18%,4 年的平均增长率达到 21.24%;转制后的 2012 年,新增 8 家资产规模大于 100 亿的客户,大客户总数占比为 21.54%;2013 年,新增 6 家资产规模大于 100 亿的客户,大客户占比达 24.18%。尽管在转制后,信永中和客户群依旧以中小客户为主,但转制为其吸引了更多的大中型客户,这对信永中和来讲是客户结构的优化。

表13-10 2009—2013年信永中和转制前后客户结构的变化

客户资产分类(亿)	2009		2010		2011		2012		2013	
	数量	比例%	数量	比例%	数量	比例%	数量	比例%	数量	比例%
<10	31	29.52	26	22.03	28	20.28	30	20.13	23	15.03
10—20	27	25.71	29	24.58	32	23.19	31	20.81	30	19.60
20—50	15	14.29	24	20.34	35	25.36	40	26.85	46	30.07
50—100	15	14.29	15	12.71	15	10.87	15	10.67	17	11.11
>100	17	16.19	24	20.34	18	13.04	33	21.54	37	24.18
合计	105	100	118	100	138	100	149	100	153	100

从以上几个方面来看,转制进一步扩大了信永中和的规模以及专业性,使其增强了竞争力,并且使其与自身发展的愿景一步步接近。

13.3.1.3 信永中和转制前后客户数量的变化

由表13-11可以看出,转制对信永中和客户数量的增长趋势没有影响,但每年增加的客户数量波动较大。转制当年,信永中和新增客户20家,增速较2010年有较大提升,这在很大程度上与转制当年事务所采取的一些积极措施相关,转制扩大了事务所规模,势必会带来客户数量上的一个大增长。但转制之后的两年增速有所放缓。分析客户减少的数量可以发现,整体趋势上来讲,每年减少的客户数是缓慢减少的,这既反映了客户群的稳定,又说明其对客户吸引力的提升。

表13-11 信永中和转制前后的上市公司客户数量变化

信永中和	2009	2010	2011	2012	2013
客户个数	105	118	138	149	153
与上年相比增加(减少)	–	13	20	11	4
新增客户数	–	24	30	19	13
减少客户数	–	−11	−10	−8	−9

从表13-12可以观察到,信永中和2011年转制当年减少客户数比转制后的2012年多,虽然相近几年的减少客户数差异不大,但是我们有必要找出上市公司客户数量变化的真正原因,了解新增客户的真正来历,以及较少的那部分客户流失的原因。本研究将信永中和会计师事务所在转制后的上市公司客户数量变化的相关数据进一步拆分,见表13-12。

表13-12 信永中和转制前后上市公司客户数量变化具体数据

	2011		2012		2013	
客户个数	138		149		153	
与上年相比增加数	20		11		4	
新增客户数	30		19		13	
其中:新上市客户	14	0.47	8	0.42	0	0
其他所客户转投	16	0.53	11	0.57	13	1
减少客户数	−10		−8		−9	
其中:近两年被出具非标准审计意见	1		3		3	
其他客户	9		5		6	

由上表可以看出,新增客户的具体变化分析如下:转制后,从 2011 年至 2013 年,信永中和其他所转投的客户数占比一直高于新上市客户数,并且其他所转投的客户占比呈上升趋势,三年分别是 53%、57%、100%。当然,2013 年占比高达 100%,这必须结合 2008 年至 2013 年我国证券行业的发展现状来进行分析。从 2008 年金融危机以来,整个市场一直处于低迷状态,2009 年市场行情有所好转,但很快又进入到一个相对萧条的阶段。在市场经济状况和股市不稳定的情况下,为了保证市场经济的长期稳定性,每年对 IPO 上市公司数量都有所控制。2012 年,经济增速下滑,工业企业利润下降,上市公司盈利下降,股市在经济下行和政策上行的扭力下震荡。2013 年,经济仍然处于震荡期。同花顺 iFina 数据显示,2010 年 347 家公司首发上市,2011 年 277 家首发上市,2012 年 149 家首发上市(注:当年 11 月、12 月暂停 IPO),2013 年 IPO 暂停。因此,受 2013 年 IPO 暂停影响,信永中和当年新增客户全部来自于其他所转投。但是,从信永中和 2011 年和 2012 年其他所转投比例的增长来看,可以肯定信永中和在转制后由其他事务所转投而来的客户居多,这个现象说明客户自主选择了转制后更具有吸引力的事务所。

上文的分析一直强调会计事务所转制的风险,信永中和在转制后增加了客户选择的谨慎性,停止或减少了对评估为高风险客户的服务。在第一年,信永中和停止了对 10 家客户的审计服务;转制第二年,终止了对 8 家上市公司的审计服务;2013 年减少了对 9 家客户的审计服务。而转制当年及后两年引入了 60 多户新客户。

统计发现,转制当年减少的客户中有一家在一年前被出具了非标准意见,此客户在 2010 年被出具保留意见。

2012 年,审计客户与上年相比,减少的 8 家客户中有 3 家在前两年被出具非标准意见。其中,新中基在 2011 年审计报告中被信永中和出具保留意见,信永中和表示新中基因涉嫌违反相关证券法律法规,于 2012 年 3 月 20 日被新疆证监局立案调查,截至审计报告日,调查结论尚未做出。而且新中基的持续经营能力有很大的不确定性,具体表现在其连续两年的亏损以及高达 98.39% 的资产负债率,新中基的流动负债也比流动资产高出 13.8 亿元。另外,阳煤化工在 2010 年审计报告中被出具无法表示意见的审计结果。信永中和审计发现阳煤化工的经营和财务指标恶化,经营亏损,并且资金短缺,负债率很高并且公司盈利能力较弱,存在持续经营风险。

2013年，审计客户中较少的9家客户有3家在前两年被出具非标准意见。其中，*ST大荒在2012年被信永中和出具了保留意见的审计报告。信永中和表示在公司应收账款、其他应收款的坏账准备以及存货跌价准备的计提方面存在重大缺陷。另外，在对中冠A、建新矿业审计报告中出具了无保留意见加事项段。

从上述公司出具的审计意见类型以及公司存在的一些财务风险和管理上的问题，都一定程度上反映了公司的风险态度。信永中和在转制后，由于审计风险的增加导致其承担的法律责任加大，这些都要求注册会计师在职业过程中更加谨慎。因此，信永中和会选择放弃一些风险较大的客户。另一方面，信永中和为了规避风险也倾向于选择经营状况良好、风险较低的优质客户。信永中和组织形式的转变，其内部资源的调整带来了客户结构的变化，这些变化也意味着信永中和为转制所做的一系列努力已反映在客户风险管理策略之中。

值得关注的是，转制后的2012年和2013年，信永中和在风险管理上也做了一些努力，在客户选择上更倾向于选择那些经营业绩良好、企业规模大的优质公司。2012年，新转入的客户招商地产和招商证券，2013年新转入的山东墨龙公司都是信永中和引进大公司的典型，而这三家公司恰恰是从"四大所"转投而来的。这从另外一个角度肯定了信永中和转制之后的实力。良好的"声誉"价值为其赢得了大公司的转投，这种转投既是对事务所本身实力的肯定与信任，也是信永中和防范审计客户风险，积极调整客户结构的有利举措。

13.3.2 审计收费

审计收费是客户对审计质量的价值认可。会计师事务所转制意味着有过错的合伙人需要承担更多的责任，这使得注册会计师在审计过程中为了降低风险而有意识地提高审计质量。国内部分学者认为，审计收费越高，会计事务所提供的审计服务效果就越好，研究发现，与本土小所相比，"四大"和本土大所的收费更高，因而客户愿意付出更多的审计费用来识别审计服务质量的差别。因此，事务所转制增加了自身法律风险，事务所需要提升审计的数量和质量来减少这种风险的发生，审计成本的增加相应就会以提高审计收费作为补偿。由于市场供需结构的变化，事务所面临的法律风险的增强，会使下游客户审计所须付出的费用提升，费用的提升也内在地体现了专职的价值。

13.3.2.1 样本选择

本研究选取2009—2013年间沪深两市全部A股上市公司数据,并且按照下列标准剔除部分被审计单位及其审计费用数据。

(1)年度审计费用未披露的上市公司予以剔除;

(2)年报审计费用以外币形式披露的,根据当年资产负债表日中国人民银行公布的市场汇率折合成人民币;

(3)存在境内外双重审计的上市公司,没有将境内外审计费用分开核算的予以剔除。

13.3.2.2 信永中和、"四大"、本土所平均审计收费趋势分析

下面探讨信永中和、我国全部本土事务所以及"四大"所年平均审计收费情况的总体变化趋势,首先比较一下2009年至2013年四年间这三个群体的平均审计收费。

由表13-13可知,信永中和2009年每个客户的平均审计费用为58.62万元,在此基础上每年平均增长8.47%,经过4年时间,2013年这一数值达到了81.14万元。但是所有本土所从2009年的61.33万元仅增长到2013年的78.38万元,比2009年增长了27.8%,四年间的年平均增长率为6.32%。通过数据发现信永中和在2009—2013年间的年平均审计收费和收费的增长率,都比本土的会计事务所要高。

单位:万元

表13-13 2009—2013年间平均审计费用

	2009	2010	2011	2012	2013
信永中和	58.62	65.1	77.04	81.13	81.14
观测值数	89	100	124	148	152
"四大"	326.33	327.81	438.38	600.22	423.45
观测值数	74	88	116	125	125
本土所	61.33	63.29	69.84	73.65	78.38
观测值数	1444	1642	1905	2291	2343
"四大"/信永中和	5.57	5.04	5.69	7.4	5.2
信永中和/本土	0.96	1.03	1.10	1.12	1.04

但从信永中和与全部本土会计师事务所的平均审计收费之比角度来看,信永中和转制前后与本土所平均审计收费水平的差距并未发生明显变化。2009年,信永中和平均审计收费是本土大所费用的96%,转制后,虽然这个比例有所提升,长期保持在1.1倍左右,但是,这样一个增幅是有限的。从这一点来看,我们认为信永中和作为我国本土大所,其审计收费水平虽一直处于本土所的前列,而2011年的转制事件尽管提高了其审计风险,法律责任的上升要求其提高更高质量的审计服务,但是,高质量的审计服务并没有带来审计收费水平的显著提高,其审计收费水平的增幅是有限的,更多的是整体审计行业费用的提升造成了审计收费的增加。

从信永中和与"四大"所的比较来看,图13-4也较为突出地显示了各大所审计费用之间的差距。虽然"四大"所全部审计客户总数量都不及信永中和一家之多,但是其高额的审计收费水平也只能令信永中和及其他本土会计师事务所望尘莫及了。2009年,326.33万元是平均每家客户需要对"四大所"审计所支付的审计费用,四年之后的2013年,这个数字已经达到了423.45万元,相较于2009年增长了29.76%,年平均增长率为6.73%。当然,仅仅在增长率方面,信永中和无论是年平均审计收费水平,还是年平均审计收费增长率,都是高于"四大"所和全部本土大所的,所以,从这个层面来看,信永中和的转制还是使得其品牌价值在客户心中有了一定的认知度。而认知度的提升可以带来比较好的经济价值。

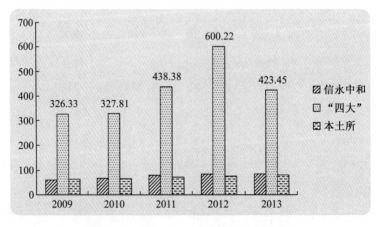

图13-4 2009—2013年间平均审计费用

如果将每年"四大"所和信永中和的平均审计收费的比值做一下研究,

会计师事务所组织形式变化的经济后果：基于信永中和会计师事务所改制的案例分析

可以发现 2009 年"四大"所的平均审计收费是信永中和的 5.57 倍，2012 年已经高达 7.4 倍。从这一点可以明显看出，信永中和虽然排名长期紧随"四大"之后，长期处于本土所的前列，其上市公司客户数远超"四大"合计数，但是由上述审计收费差距的不断增大，我们也可以发现信永中和的品牌价值仍然不如"四大"所。

以下考察信永中和转制前后审计收费水平的差异来自哪类客户。

13.3.2.3　信永中和会计师事务所转制前后审计收费变化具体分析

在表 13-14 中，为了了解转制对信永中和平均收费水平的影响，我们取 2009 年到 2013 年五年时间从资产规模分类角度进行对比。

单位：万元

表13-14 信永中和转制前后审计费用的比较

客户资产分类（亿）	2009		2010		2011		2012		2013	
	平均收费	观测值数	平均收费	观测值数	平均收费	观测值数	平均收费	观测值数	平均收费	观测值数
<10	36.24	27	34.9	25	37.2	26	41.69	29	45.57	33
10—20	44.33	23	46.45	22	47.88	26	50.66	31	51.13	30
20—50	48.62	13	46.42	17	57.89	33	60.45	40	65.43	46
50—100	88.85	13	105.75	14	111.67	12	95.6	15	89.76	17
>100	110.15	13	112.02	22	151.5	27	162.94	33	144.87	36
合计	58.62	89	65.10	100	77.04	124	81.13	148	81.14	152

首先，观察信永中和在转制前审计收费水平在不同资产规模客户间的变化情况。2010 年单个客户的平均审计收费水平高于 2009 年的平均水平。从数据中我们不难发现，2010 年，资产规模小于 10 亿、10 亿至 20 亿之间的客户数量较 2009 年都有所减少，然而 2010 年总平均审计费用水平却高于 2009 年 11 个百分点，造成这种提升的原因主要在于对 50 亿至 100 亿资产规模客户群收费的提升，另外信永中和 100 亿以上资产规模的大客户的数量也在增加，而大客户会显著增加事务所的收入。

转制当年可以明显看到，各类资产规模的客户审计收费水平都比转制前的两年有了不同程度的提高。这在一定程度上肯定了事务所转制对审计收费产生的积极效应，提高审计收费水平既是行业发展趋势的结果，更是事务所完善审计程序、提高审计业务水平、重视其自身审计责任的表现。从表 13-14 可以观察到,资产规模在 100 亿以上的大客户的审计收费水平较上年有了极大幅度的增加,增长率达 35.24%。转制的执行使得信永中和具备了大客户在审计中所需要的制度和资源竞争力,使其逐步得到大型客户的认可。

信永中和在转制后,大客户(100 亿资产规模以上)数量增长明显,2012 年这一数值较 2010 年增长了 50%,2012 年大客户数量较转制前增长了约 64%,同时,大客户平均审计费用增幅也是比较明显的。转制之后,平均审计收费水平已经能维持在 155 万元左右。转制后的 2012 年,大客户平均审计收费已达 162.94 万元,较 2012 年增长了 45.46%,这些因素也直接拉高了信永中和会计师事务所的全部客户平均审计费用水平。2011 年之后审计客户结构上和收费水平上的这些变化应与 2011 年信永中和会计师事务所转制有联系。信永中和审计质量的提升使得其收费有了提升,而伴随着这种变化,本土大所在这种变化过程中会逐渐提高自身竞争力,通过大客户积累自身经验,品牌溢价也得以提升。

13.3.2.4　剔除新上市公司影响后的信永中和审计收费情况对比分析

由于转制后新上市 24 家公司对收费的统计有较大影响,所以剔除这 24 个数据之后的收费比较可靠和更有说服力。本研究将具体分析转制当年及转制后,在剔除新上市客户审计收费的情况下,审计收费水平的具体变化。基于上文曾提到过的,2013 年受相关政策和市场经济的影响,整年暂停 IPO,因此,2013 年审计收费水平将不会受到新上市客户的影响,数据将不会有任何差异。因此以下不再重复列出 2013 年的相关审计收费数据。

由表 13-15 可知,2011 年及 2012 年,剔除 24 家新上市公司之后的数据变化趋势没有改变,但是绝对数值都要高于剔除之前水平。2011 年平均审计收费从 77.04 万调整到 80.55 万;2012 年的平均审计收费从 81.14 万调整为 82.85 万,尤其以 2011 年增幅明显。由表 13-15 可以发现,原因主要源于资产规模在 10 亿—20 亿和 50 亿—100 亿的客户平均审计收费水平的提高。可见,新上市审计客户群反而拉低了平均数。

单位：万元

表13-15 信永中和剔除新上市公司转制后的审计收费情况

客户资产分类（亿）	转制后(剔除新上市客户群)				全部审计客户			
	2011		2012		2011		2012	
	平均收费	观测值数	平均收费	观测值数	平均收费	观测值数	平均收费	观测值数
<10	37.57	23	41.76	25	37.2	26	41.69	29
10—20	50.09	21	50.71	29	47.88	26	50.66	31
20—50	58.35	30	59.76	38	57.89	33	60.45	40
50—100	115	11	96.71	14	111.67	12	95.6	15
>100	151.5	27	162.94	33	151.5	27	162.94	33
合计	80.55	112	82.85	139	77.04	124	81.14	148

这个现象让人不得不猜想，信永中和很可能为了争夺新上市客户群，在2011年采用了一些低价揽客的战略。并且，2011年是信永中和转制的过渡期，在招揽客户的时候很大程度上还很少考虑到转制所带来的一系列风险和法律责任。虽然信永中和在其发表的《特殊普通合伙转制情况及需要研究的相关问题》中曾表示，其实际上已经模拟合伙制运行多年，2011年整体上转制，能够很快适应合伙体制的运行模式；但是，我们认为，转制造成的制度形态本身的变化和外在合作形式的变化以及其他一些外部的变化，使得转制还会面临很多新问题。2011年恰恰是转制时期，很多需要转变的运作模式还有一个适应、落实的过程，所以，转制所带来的一些积极影响可能并不能及时地体现出来，所以存在低价揽客的嫌疑也是可以理解的。

另外，从表上数据我们发现，在2012年同样新增了10家上市客户，但是剔除这些客户后的平均审计费用水平与全部审计收费的数值并没有太大差异，几乎持平。这说明，转制后的2012年，信永中和很可能在思想和行动上提高了其选择新客户的谨慎性。另外，客户方面愿意支付更多的审计费用来获得更好的审计质量，并且由于良好的"声誉"价值，提高了客户对信永中和的市场认同度，也提高了信永中和与客户的谈判能力。通过以上一系列分析，可以得出审计风控的要求以及注册会计师的职业谨慎必然会在转制后风险增加的大环境下有所增强的结论，因此，其为了规避风险倾向于选择经营状况好的、风险较低的优质客户。而一些客户受信永中和"声誉"价值的影响，也更愿意获得其提供的审计服务。

13.4 小　结

本章通过选取信永中和会计师事务所作为案例,运用案例分析的方法从供给方和需求方两个视角考察了会计师事务所转制的经济后果,并得到如下结论:

(1) 供给方视角下,通过分析会计师事务所的真实审计质量在转制前后的变化发现,转制后信永中和会计师事务所显著提升了自身的真实审计的质量,与此同时也通过一系列风控措施降低了风险,转制的成效在其内部治理机制和发表审计意见类型中得以体现。以内部治理机制作为衡量标准,转制后,信永中和在所有权结构上进行调整,合伙人数较转制前有较大幅度的增加,在利益分配方面趋于分散化,这无疑增加了合伙人承担风险的程度和法律责任,也要求事务所具备更强的审计服务实力和能力;转制后,信永中和在分所管理、人员管理、风险控制等方面所做的一切努力也是卓有成效的,这肯定了其具备高质量审计服务水平的能力,反映出转制后事务所为了防范风险,以及法律责任的上升要求其不断完善内部治理机制,内部治理机制的进一步完善保证了转制所带来的成效,也为分析转制后事务所其他指标的变化提供了论证基础。以事务所出具的审计意见类型作为衡量标准,信永中和并没有降低审计质量,反而通过更加严格的风控以及客户结构的调整和选择,使得上市公司被出具非标准意见次数出现大幅减少。

(2) 需求方视角下,通过分析会计师事务所的客户市场感知度在转制前后的变化发现,需求市场中的客户通过转制后的信永中和的高质量审计服务,逐渐认可了其品牌和市场地位,从而使信永中和自身的经济价值得以提升。以客户选择作为衡量标准,转制后信永中和对大中型客户的吸引力得到增强,大中型客户在所有客户中所占比重有所提高;这既说明信永中和大型审计项目承接能力增强,又可以表现出其客户资源的优质化。客户的变化体现了信永中和竞争力的增强。同行的客户的转投占新增客户的较大比例体现了被审计公司客户对信永中和品牌认可的增强。信永中和为客户所

会计师事务所组织形式变化的经济后果：基于信永中和会计师事务所改制的案例分析

做的风险控制也体现在转制过程中上述客户结构的变化。从收费角度衡量，转制后的信永中和事务所，在大型审计中获得了更多的承接能力，通过这些审计项目，获得了更多的大客户，通过自身加强风险控制选出优质客户，提升了审计服务质量，更多的本土所的这种服务提升必然使客户弱化对"四大"的需求，从而愿意为他们支付审计溢价。

CHAPTER 14

研究结论、局限性与未来研究方向

本章作为结束语,主要阐述本书的研究结论与启示,研究的局限性与不足之处,以及未来可以继续研究的方向。

14.1 研究结论

本书立足于我国会计师事务所做大做强的制度背景,聚焦于事务所合并与组织形式变化这两个分别与事务所的外延扩张和内涵建设有关的因素,分析其可能的影响与经济后果。重点考察了事务所的合并与组织形式变化对审计市场行为包括审计收费、风险控制和审计生产效率的影响,以及事务所的合并与组织形式变化对审计市场的绩效(以审计质量作为替代指标)的影响。本书的研究结论包括:

(1)以 2005 年以来发生的 14 起会计师事务所合并案为例,研究发现,会计师事务所合并显著提高了审计收费。但是,在区分大客户市场和小客户市场后,在大客户市场上,会计师事务所合并并未对审计收费产生显著的影响,但在小客户市场上,会计师事务所合并后审计收费有了显著的提高。进一步的研究发现,之所以在大客户市场上会计师事务所合并未对审计收费产生显著影响,是因为在大客户市场上,事务所通过合并提高了审计生产效率,发挥了规模经济效应。因而,事务所在合并后尽管议价能力有所提升,但由于审计生产效率的提升降低了审计的生产成本,而无须通过审计收费的提高来获得更高的利润。

(2)以 2005 年以来发生的 14 起会计师事务所合并案为例,以上市公司作为研究样本,运用大样本的经验证据考察了会计师事务所合并对审计风险控制的影响,研究发现,会计师事务所合并后,针对审计风险高的客户,会计师事务所收取了更高的审计费用。研究结果表明,合并显著提高了事务所的风险控制意识和控制能力。

(3)以 2005 年以来发生的 14 起会计师事务所合并案为例,运用"黑箱"理论的相关研究方法,利用公开获取的各种信息,采用数据包络分析方法(DEA)评估我国会计师事务所的审计生产效率,研究发现,会计师事务所合并后,审计生产效率有了显著提高。此外,从会计师事务所合并的类型来看,相对于吸收合并,新设合并能更显著地提高审计生产效率。

(4) 以2005年以来发生的14起会计师事务所合并案为例,以被审计单位的操控性应计数与会计盈余的稳健性作为审计质量的替代指标,研究发现,被审计单位的操控性应计数在会计师事务所合并后有了显著的下降,而会计盈余的稳健性在会计师事务所合并后则有了显著的提高。研究结果表明,会计师事务所合并后审计质量有了显著的改善。此外,就不同的会计师事务所合并类型来说,相对于新设合并,吸收合并对审计质量有更显著的改善。

(5) 以天健东方和开元信德的合并作为案例研究对象,研究发现,经过合并,会计师事务在审计收费、审计客户数量、审计收入、事务所排名等方面都取得了不错的绩效;但是,也发现在合并初期,会计师事务所在审计延迟方面并没有显著降低,在这方面还需要更长的时间来考察。

(6) 以国内具有H股审计资格并率先完成全部转制手续的会计师事务所为样本,研究发现,会计师事务所组织形式从有限责任变为特殊的普通合伙制后,审计收费有了显著的提高。进一步的研究发现,在大客户市场上,事务所转制对审计收费无显著的影响;但是,在小客户市场上,事务所改制显著提高了审计收费。

(7) 以国内具有H股审计资格并率先完成全部转制手续的会计师事务所为样本,研究发现,会计师事务所组织形式从有限责任变为特殊的普通合伙制后,无论是盈余管理风险、财务风险,还是公司治理风险,衡量风险的变量都与审计费用之间产生了更显著的相关关系,风险高的公司被收取了更高的审计费用。研究结果表明,转制显著改善了会计师事务所的风险意识和风险控制。

(8) 以国内具有H股审计资格并率先完成全部转制手续的会计师事务所为样本,运用"黑箱"理论的相关研究方法,利用公开获取的各种信息,采用数据包络分析方法(DEA)评估我国会计师事务所的审计生产效率,研究发现,会计师事务所组织形式从有限责任变为特殊的普通合伙制后,会计师事务所的综合生产效率有了显著提升。进一步的研究发现,会计师事务所转制对审计生产效率的提高主要表现为纯技术效率的提升。

(9) 以国内具有H股审计资格并率先完成全部转制手续的会计师事务所为样本,以被审计单位的操控性应计数作为审计质量的替代指标,研究发现,会计师事务所组织形式从有限责任变为特殊的普通合伙制后,审计客户的操控性应计数显著下降,审计质量有了显著提高。

(10) 以信永中和会计师事务所作为案例研究对象,研究发现,会计师事务所改制后更加注重内部治理机制的完善,同时,在客户选择、审计费用、审计意见类型上的分析也进一步呈现了转制带来的积极效应。

14.2 研究启示与政策含义

本书立足于我国会计师事务所的合并与组织形式变化两大制度背景,考察了事务所的合并与组织形式变化对审计市场行为(包括审计收费、风险控制与审计生产效率)以及审计市场绩效(以审计质量作为替代指标)的影响。本书的研究结论具有以下启示与政策含义:

(1) 课题研究发现,会计师事务所合并整体上可以提高审计收费特别是小客户市场上的审计收费,有助于规范事务所的审计收费,减少低价揽客和恶性竞争行为;合并可以提高事务所的市场竞争力和市场议价能力从而减少对客户的经济依赖,保证审计报告的质量;合并能够改善事务所的风险意识和风险控制,对于维护注册会计师自身利益,促进注册会计师行业的持续健康发展具有积极作用;事务所合并有助于审计生产效率的提高,对于促进我国会计师事务所的做大做强,提高会计师事务所的竞争力,更好地发挥独立审计的作用具有重要意义。事务所合并有助于我国注册会计师审计质量的提升,对于改善我国独立审计市场的绩效具有重要作用。

(2) 我国的会计师事务所合并尽管带有政府推动的重要背景,而并非是完全的市场行为,但是,从客观上来说,会计师事务所的合并有助于我国独立审计市场结构的改善,对于规范我国独立审计市场的竞争行为,提高我国独立审计市场的绩效具有积极意义。因此,相关主管部门应出台更多的政策,积极鼓励和支持我国注册会计师行业的合并重组。

(3) 会计师事务所的合并对审计市场行为和绩效的影响在不同的合并类型下、在不同的审计细分市场上(如大客户市场和小客户市场)存在差异。

如事务所合并与转制对审计收费的影响更多地体现在小客户市场上,而对大客户市场无显著影响;新设合并相对于吸收合并能更显著地提高审计生产效率;吸收合并相对于新设合并能更显著地提高审计质量;事务所转制对审计生产效率的提升更多地体现为纯技术效率的提升;等等。因此,针对不同的事务所合并类型,以及不同的审计细分市场,在相关的政策制定和监管时应在侧重点上有所差异,以更好地实现政策制定和监管的目标。

(4)尽管我国的会计师事务所通过合并重组,规模实现了迅速扩张,但与国际"四大"会计师事务所相比,无论是规模还是管理水平都还有相当大的差距。因此,在通过合并重组实现会计师事务所外延发展的同时,更必须注重内涵建设如事务所的内部治理结构的建设与完善,只有这样才能实现事务所"做大"的同时实现"做强"。

(5)会计师事务所从有限责任制转制为特殊的普通合伙制后,审计收费有显著的提高,对于规范我国独立审计市场的审计收费行为,减少恶性价格竞争具有正面作用;会计师事务所转制后,事务所的风险意识和风险控制有了显著提高,对于会计师事务所的做大做强和注册会计师行业的持续健康发展具有积极意义;会计师事务所转制后,会计师事务所的综合生产效率特别是纯技术效率有了显著的提升,可以提高事务所的核心竞争力;会计师事务所转制后,独立审计的质量有了显著提高,对于我国独立审计市场绩效的改善具有积极影响。

(6)尽管会计师事务所组织形式的变化总体上有助于规范审计市场的收费行为,提高审计的生产效率,提高事务所的风险意识和风险控制,改善审计质量,但与此同时,也面临着如何平衡合伙人利益和社会公众利益、如何强化内部治理、如何构建有效的合伙企业文化等问题。如果不能很好地解决上述问题,则可能达不到转制的预期目标。

14.3　局限性与后续的研究方向

由于作者理论水平及研究能力的限制，本书的研究仍存在一定的缺陷和不足之处，在很多方面有待改进和完善，这也是需要继续进行后续研究的方向。主要体现在以下几个方面：

（1）会计师事务所合并对审计行为的影响可能包含很多方面，但本课题只从审计收费、风险控制与审计生产效率三个角度进行了实证分析。因此，这也是本书后续研究的主要方向之一，如会计师事务所合并对行业专业化的影响、会计师事务所合并的市场反应等。

（2）会计师事务所的合并按不同的标准可分为不同的类型，本课题就会计师事务所合并对审计市场行为与绩效进行实证考察时，只区分了新设合并与吸收合并，然后进行了分析，为了使研究的结论更详细和更有说服力，可以按其他标准进行分类然后进行进一步的分析，如"四大"合并国内会计师事务所、国内事务所的强强联合、国内事务所吸收合并国内小所等，这也是本书后续的研究方向之一。

（3）关于会计师事务所组织形式变化对审计市场行为及审计市场绩效的影响，限于数据的可获性问题，本课题只以国内具有 H 股审计资格并率先完成全部转制手续的四家会计师事务所作为样本，进行了实证考察，为使研究结论更具说服力，需要更多的事务所转制样本，这也是本书后续的研究方向之一。

主要参考文献

陈汉文.审计理论[M].机械工业出版社,2009.

陈汉文.实证审计理论[M].中国人民大学出版社,2012.

曹强,陈汉文,胡南薇.事务所特征、行为与审计生产效率[J].南开管理评论,2008(2).

冯延超,梁莱歆.上市公司法律风险、审计收费及非标准审计意见[J].审计研究,2010(3).

郭颖.DEA模型在提高会计师事务所审计质量中的作用[J].审计与经济研究,2009(9).

郭德维,李杰.会计师事务所合并对服务产出影响的国际经验与借鉴[J].财务与会计,2009(1).

郝振平,桂璇.B股公司审计市场供给与需求研究[J].中国会计评论,2004(1).

江伟,李斌.预算软约束、企业财务风险与审计定价[J].南开经济研究,2007(4).

李增泉,卢文彬.会计盈余的稳健性:发现与启示[J].会计研究,2003(2).

李远鹏,李若山.是会计稳健性,还是利润操控——来自中国上市公司的经验证据[J].中国会计与财务研究,2005(3).

李眺.审计市场中的合并、产业专用化投资和价格竞争[J].中国工业经济,2003(3).

李明辉,刘笑霞.会计师事务所合并的动因与经济后果:一个文献综述[J].审计研究,2010(5).

李明辉,郭梦岚.注册会计师真的关注审计风险了吗——基于审计视角的经验证据[J].当代经济科学,2010(4).

李明辉.会计师事务所合并与审计——基于德勤华永和中瑞岳华两起

合并案的研究[J]. 中国经济问题,2011(1).

李明辉,刘笑霞. 会计师事务所合并能提高审计效率吗?——基于审计延迟视角的经验证据[J]. 经济管理,2012(5).

李明辉,张娟,刘笑霞. 会计师事务所合并与审计定价[J]. 会计研究,2012(5).

李爽,吴溪. 监管信号、风险评价与审计定价:来自审计师变更的证据[J]. 审计研究,2004(1).

林宗辉,戚务君. 勤业众信合并案对审计质量之影响——从公司及投资人观点分析[R]. 台北:当前会计理论与实务研讨会,铭传大学会计学系,2007.

韩晓梅,徐玲玲. 会计师事务所国际化的动因、模式和客户发展[J]. 审计研究,2009(4).

韩洪灵,陈汉文. 会计师事务所的行业专门化是一种有效的竞争战略吗[J]. 审计研究,2009(1).

韩洪灵,陈汉文. 会计师事务所的行业专门化是一种有效的竞争战略吗[J]. 审计研究,2009(1).

韩洪灵,陈汉文. 审计市场结构的决定性因素分析[J]. 浙江大学学报,2009(2).

黄亦平. 会计师事务所规模化与审计市场发展战略:以深圳为例[J]. 会计研究,2008(3).

黄洁莉. 英、美、中三国会计师事务所组织形式演变研究[J]. 会计研究,2010(7).

潘克勤. 公司治理、审计风险与审计定价[J]. 南开管理评论,2008(1).

刘斌,王杏芬,李嘉明. 多客户审计、审计公司组织形式与审计失败[J]. 审计研究,2008(1).

秦荣生. 对我国特殊合伙会计师事务所若干问题的思考[J]. 当代财经,2010(12).

宋衍蘅. 审计风险、审计定价与相对谈判能力[J]. 会计研究,2011(2).

施蒂格勒. 产业组织和政府管制[M]. 潘振民译. 上海三联书店,1996.

谭燕. 我国会计师事务所规模化研究[M]. 中国财政经济出版社,2005.

谭燕. 资源控制权、控制权收益与会计师事务所合并[J]. 会计研究,2006(6).

许汉友,汤谷良,汪先娣.中国会计师事务所运营效率之DEA分析[J].会计研究,2008(3).

杨瑞平.论会计师事务所的组织形式与内部治理[J].财政研究,2010(3).

原红旗,李海建.会计师事务所组织形式、规模与审计质量[J].审计研究,2003(1).

余玉苗,陈波.资产特征、治理结构与会计师事务所组织形式[J].审计研究,2002(5).

余玉苗.行业专门化与独立审计风险的控制[J].审计研究,2004(5).

吕先锫.会计师事务所合并整合研究[M].西南财经大学出版社,2012.

王杏芬,刘斌,李嘉明,张景奇.会计师事务所内外部治理与审计风险[J].山西财经大学学报,2009(1).

王咏梅,邓舒文.会计师事务所合并与行业专门化战略研究[J].审计研究,2012(2).

王咏梅,王鹏.中国会计师事务所的加盟战略效果研究[J].管理世界,2012(3).

伍利娜.盈余管理对审计费用影响分析[J].会计研究,2003(12).

吴溪,陈梦.会计师事务所的内部治理:理论、原则及其对发展战略的含义[J].审计研究,2012(3).

吴溪,张俊生.中国本土会计师事务所的市场地位与经济回报[J].会计研究,2012(7).

曾亚敏,张俊生.会计师事务所合并对审计质量的影响[J].审计研究2010(5).

张继勋,陈颖和吴璇.风险因素对我国上市公司审计收费影响的分析[J].审计研究,2005(4).

张继勋,徐奕.上市公司审计收费影响因素研究[J].中国会计评论,2005(1).

张立民,唐松华.注册会计师审计的产权功能:演化与延伸[J].会计研究,2008(8).

朱小平,余谦.我国审计收费影响因素之实证分析[J].中国会计评论,2004(2).

朱炳有.大型会计师事务所发展战略研究[J].中国注册会计师,2010

(10).

Antle, R. 1982. The Auditor as an Economic Agent [J]. *Journal of Accounting Research*, 20(2):503-327.

Baskerville, R. F. and D. Hay. 2006. The Effect of Accounting Firm Mergers on the Market for Audit Services: New Zealand Evidence [J]. *Abacus*, 42(1):87-104.

Bell, T. B., W. R. Landsman and D. A. Shackelford. 2001. Auditors Perceived Business Risk and Audit Fees: Analysis and Evidence [J]. *Journal of Accounting Research*, 39(1):35-43.

Chan, K. Hung and Donghui Wu. 2011. Aggregate Quasi Rents and Auditor Independence: Evidence from Audit Firm Mergers in China [J]. *Contemporary Accounting Research*, 28(1):175-213.

Chung, S., R. Narasimhan and P. Wei. 1998. Market Reaction to LLP Formations: A Test of the Insurance Hypothesis. Working paper, Rowan University.

Dye, R. A. 1993. Auditing Standards, Legal Liability, and Auditor Wealth [J]. *The Journal of Political Economy*, 101(5):887-914.

Dye, R. A. 1995. Incorporation and the Audit Market [J]. *Journal of Accounting and Economics*, 19(1):75-114.

Dopuch, N., et al. 2003. Production Effiency and the Pricing of Audit Services [J]. *Contemporary Accounting Research*, 20(1): 47-77.

DeAnglo, L. E. 1981. Auditor Size and Audit Quality [J]. *Journal of Accounting Economics*, 3(3): 183-199.

Firth, M. and T. Lau. 2004. Audit Pricing Following Mergers of Accounting Practices: Evidence from Hong Kong [J]. *Accounting and Business Research*, 34(3):201-213.

Francis, J. and D. Stocks. 1986. Audit Prices, Product Differentiation and Scale Economics: Further Evidence from the Australian Market [J]. *Journal of Accounting Research*, 24(2):383-393.

Francis, J. and D. Simon. 1987. A Test of Audit Pricing in the Small-Client Segment of the U. S. Audit Market [J]. *The Accounting Review*, 62(1): 145-157.

Healy, P. and Lys, T. 1986. Auditor Changes Following Big Eight Mergers with Non-Big Eight Audit Firms [J]. *Journal of Accounting and Public Policy*, 5(4): 251–265.

Ivancevich, S. H. and A. Zardkoohi. 2000. An Explanatory Analysis of the 1989 Accounting Firm Mergers [J]. Accounting Horizons, 14(4): 389–401.

Iyer, V. M. and Iyer, G. S. 1996. Effect of Big 8 Mergers on Audit Fees: Evidence from the United Kingdom [J]. *Auditing: A Journal of Practice and Theory*, 15(2): 123–132.

Jensen, M. C. and W. H. Meckling. 1992. Specific and General Knowledge and Organization Structure. Working paper, Harvard University and University of Rochester.

Jeong-Bon Kim, et al. The Efficiency of Audit Production and the Pricing of Audit Services: Evidence from South Korea. Working paper, 2006.

Lawrence, J. E. and H. D. Glover. 1998. The Effect of Audit Firm Mergers on Audit Delay [J]. *Journal of Managerial Issues*, 10(2):151–164.

Lee, D. S. 2005. The Impact of the Big 8 Mergers on Market Power: Evidence from the Hong Kong Market [J]. *Journal of International Financial Management & Accounting*, 16(1):69–96.

Lent, L. V. 1999. The Economics of an Audit Firm: The Benefits of Partnership Governance [J]. *The British Accounting Review*, 31(2):225–254.

McMeeking K. P., K. V. Peasnell and P. F. Pope. 2007. The Effect of Large Audit Firm Mergers on Audit Pricing in the UK [J]. *Accounting and Business Research*, 37(4): 301–319.

McNair, C. J. 1991. Proper Compromises: The Management Control Dilemma in Public Accounting and Its Impact on Auditor Behavior [J]. *Accouting, Organization and Society*, 16(7):635–653.

Muzatko, S. R., et al. 2004. An Empirical Investigation of IPO Underpricing and the Change to the LLP Organization of Audit Firms [J]. *Auditing: A Journal of Practice and Theory*, 23(1):53–67.

Palmrose, Z. 1986. Audit Fees and Auditor Size: Further Evidence [J]. *Journal of Accounting Research*, 24(1):97–110.

Palmrose, Z. 1989. The Relation of Audit Contract Type to Audit Fees and Hours [J]. *The Accounting Review*, 64(3):488–499.

Rubin, M. 1988. A Municipal Audit Fee Determinants[J]. *The Accounting Review*, 63(2):219 – 236.

Simunic, D. A. 1980. The Pricing of Audit Services: Theory and Evidence [J]. *Journal of Accounting Research*, 18(1):161 – 190.

Schwartz, R. 1997. Legal Regimes, Audit Quality, and Investment [J]. *The Accounting Review*, 72(3):385 – 406.

Sullivan, M. W. 2002. The Effects of the Big Eight Accounting Firm Mergers on the Market for Audit Services [J]. *Journal of Law and Economics*, 45(2):375 – 399.

Terrence B. O´Keefe, Simunic, D. A. and M. T. Stein. 1994. The Production of Audit Services: Evidence from a Major Public Accounting Firm [J]. *Journal of Accounting Research*, 32(2): 241 – 262.

Venkataraman, R. J., P. Weber and M. Willenborg. 2008. Ligitation Risk, Audit Quality, and Audit Fees: Evidence from Initial Public Offerings [J]. *The Accounting Review*, 83(5):1315 – 1345.